U0647367

沪港通

制度实施的
经济效果研究

张婷◎著

Study on the Economic Effect of the Implementation of
Shanghai-Hong Kong Stock Connect System

人民出版社

序

　　沪港通制度是我国上海证券交易所和香港联合交易所于 2014 年 11 月 17 日共同推出的两市互通互联的一项重要制度创新,该项制度的实施不仅是内地股票市场深化改革的一项重要内容,而且是内地资本市场对外开放的标志性举措。从理论上讲,沪港通制度的实施,一方面有利于促进资金在沪港两地自由流动、便于投资者进行跨市场组合投资、分散投资风险,同时也有利于活跃两地市场交易、优化资源配置以及提升市场效率;另一方面,通过与相对发达的香港股票市场互通互联,可以为内地市场引入更加成熟的机构投资者和投资理念,改善内地投资者的结构,进而倒逼内地股票市场在制度建设、市场环境、投资者结构和理念等诸多方面与成熟市场接轨,缩小市场间的差距。这两个方面既是沪港通制度推出的动因,也是沪港通制度的战略意义所在。然而,由于沪港通制度实施不过几年的时间,相关研究还十分有限,且过多地强调其长远的战略意义,对现实问题的关注明显不够。事实上,美好的愿景是一回事,而如何能顺利实现这一愿景则是更为关键的问题。为了更好地把握沪港通制度实施的经济效果,本书在对相关文献和理论进行梳理的基础上,首先从直观上分析沪港通制度的实施背景与运行状况;其次着重采用实证研究手段对沪港通制度实施前后沪港两地市场关系(即市场分割程度及一体化程度变化)、市场价差和投资者预期变化、两地信息传导变化(即溢出效应)、定价效率变化等几个相互关联的方面进行了考察,以期发现问题、剖析其背后的原因,为更好地完善沪港通制度提供科学的判断依据;最后,本书在对股票市场化改革和对外开放的逻辑次序进行分析的基础上提出我国股票市场对外开放的政策建议,并对沪港通制度进行定位。通过上述研究,本书得出的主要结论是:

第一,在对沪港通制度的实施背景与运行状况分析时发现:(1)我国内地与香港股票市场在制度环境、市场环境、监管环境、信息环境等方面存在差异;(2)沪港通制度实施后,内地和香港股票市场主要表现为日成交额较少、投资者行为出现差异、资金非对称流动、两市股价走势背离四个特征。

第二,本书实证研究了沪港通制度对沪港两市价格联动关系的影响。为了从总体上考察沪港通制度对沪港两地市场的影响,本书选取上证综合指数和香港恒生指数服务公司编制的恒生指数作为上海 A 股市场和香港股市的代表性指数,采用协整、格兰杰因果关系检验、动态相关系数的计量经济学方法,考察了沪港通制度的实施对两地市场估价的长期均衡关系、股价引导关系、股价间的动态相关关系的影响,该方面的研究既是对两市股价间联动关系、协同效应的考察,同时也可以对两地市场一体化程度或分割程度进行分析,二者在研究上具有内在的一致性。研究发现:(1)尽管两地市场出现了长期稳定的均衡关系,内在协调机制有所增强,但价格引导关系以及时变相关系数等均没有显著的提升,这表明两市一体化程度并没有提高,市场分割程度也没有降低;(2)进一步研究发现,沪港通制度开通后,两地市场资金呈现的非对称流动导致市场总体价格水平的偏离程度加大,这是导致上述结果的主因,而由于两地市场发展水平差距较大以及其他约束条件存在的情况下,仅仅靠某项制度壁垒的消除,其效果势必有限是产生上述结果的另一个原因。

第三,本书实证检验了沪港通制度对市场价差和投资者预期的影响。研究发现:(1)沪港通制度开通后,A/H 股价差继续扩大。对此,本书认为其主要原因有两点:一是两地市场资金的非对称流动导致两市股指走势背离,二是虽然两地资金能够自由流动,但沪港通制度只是一个交易通道,并不能将香港

H 股和内地 A 股相互转换,投资者也就不存在套利机会,因此通过沪港通制度的资金流动并不能为 A/H 股提供套利机会,沪港通制度对缩小 A/H 股价差的作用自然会非常有限。(2)沪港通实施后,由于投资者更加看好沪股通标的股票的未来盈利能力,从而助推了上海股票市场股票价格的上涨,而内地投资者投资香港股票市场则显得较为保守,同时这一结果也能解释沪港通制度实施后两市交易总额呈现出的"南冷北热"状态。

第四,本书实证考察沪港通制度对沪港两地市场信息传导效应的影响。研究发现:(1)利用误差修正模型对沪港两市短期波动进行考察时发现,尽管沪股通标的股票价格或者港股通标的股票价格有时可能偏离均衡,但这种偏离只是暂时的,它们终将受到长期均衡关系的影响,不断减少各自的偏离值,最终走向均衡状态;(2)利用 BEKK-GARCH 模型对沪港两市波动溢出效应进行考察时发现,沪港通制度开通后,就单个市场而言,沪股通标的股票和港股通标的股票的波动均具有显著地受到来自自身前期波动的影响,而对沪股通标的股票和港股通标的股票之间的波动性的引导关系上,两者之间存在双向波动溢出,而且港股通标的股票向沪股通标的股票的波动溢出效应强于沪股通标的股票向港股通标的股票的波动溢出效应;(3)由于溢出效应的方向与风险传导方向密切相关,因此还可以得到另外一个结论,即在风险传导上,主要表现为港股通标的股票向沪股通标的股票的传播速度要快于沪股通标的股票向港股通标的股票的传播速度。这显然与两地市场媒体的发育程度、政府对媒体的管制、市场监管部门对上市公司信息披露要求和监管力度具有密切的关系。

第五,本书实证探讨了沪港通制度对定价效率的影响。研究发现:(1)相较沪港通实施之前,沪股通标的股票收益率对未来盈余信息的反应能力并没有得到有效的提升,反而有所下降,这说明沪港通制度的实施至少到目前为止远未达到提升内地股市定价效率的应有效果;(2)利用股票收益率对未来现金流的反应能力作为定价效率的代理变量进行佐证检验时,得到的结果仍然是沪港通制度并未提升上海股票市场定价效率;(3)在进一步探讨产生这一结果的原因时发现,沪港通的开通对香港市场的效率提升、市场活跃度、股指上行却有着显著的作用,但对沪港两地市场总体而言,远没有达到帕累托改进的目的。

第六,沪港通制度引发的思考。本书提出,我国尚处于新兴加转轨的市场经济初级阶段,投资者保护还处于较低水平,加之法律法规等制度建设和执法效率等方面的欠缺,股票市场的内涵式发展还远远不够。因此,我国股票市场对外开放仍不可全面实行,应该首先保证内部市场建设的基础上,同时推进外部市场循序渐进地开放。另外,沪港通制度作为我国股票市场对外开放的制度创新,也应该遵循渐进式的发展,继续担当我国股票市场对外开放的试验田。

本书的研究不仅可以为监管部门及时把握沪港通制度实施的经济效果提供科学依据,而且能够在一定程度上为我国股票市场发展和对外开放的逻辑提供参考意见,同时也为我国股票市场其他对外开放制度改革提供借鉴作用和启示意义。

目　录

绪　　论

中国股票市场是建立于我国经济体制转轨背景下,由政府主导并推进的大规模制度创新的结果,这种强制性制度变迁使我国股票市场在短短的二十几年时间里成功地实现了跨越式发展。根据 choice 数据显示,截止到 2020 年12 月 31 日,上市公司数量已经达到了 4233 家,股市市值达到了 79.72 万亿人民币,成为超越日本而仅次于美国的世界第二大股票市场,这是世界股票市场发展史上的一个巨大成就。但是本书也注意到,在市场规模快速发展的同时,政府主导的制度安排与股票市场的内在发展规律之间的冲突已经逐渐凸显出来,并不断累积和尖锐。因为在这一发展过程中,过重的行政化色彩使得股票市场被赋予各种政策使命,如早期的为国企脱贫解困服务等,虽然这些使命契合了当时经济发展的需要,并且也为此作出了巨大贡献,但股票市场应有的价格发现功能、资源配置功能、投资功能等基本功能却被严重弱化和扭曲,而与其相伴,融资功能则被过度放大。此外,从中微观层面上看,我国股票市场定价效率不高、公司治理水平欠佳、制度建设滞后、监管力度不足、投资者保护程度低等问题又是一个长期不争的事实,这些矛盾和问题不仅加大了股票市场的脆弱性,而且也为我国经济长期稳定和健康发展埋下了巨大隐患。[①] 并且,股票市场的这种发展态势也与国家提出的充分发挥市场在资源配置中起决定

---

① 施东辉:《论股市发展的八大关系》,《上海证券报》2017 年 7 月 16 日。

性作用的重要论断相背离。因此,改革和完善市场制度环境、法制基础、投资者结构、提升市场效率和市场功能的呼声一直不绝于耳。

事实上,针对我国股票市场出现的问题,证券监管部门一直尝试着制度创新,并且推出了一系列重大举措,包括政策法规、部门规章和规范文件等,这些改革措施涵盖市场内部改革也包括外部开放。如 2006 年 5 月 17 日推出的《首次公开发行股票并上市管理办法》,2006 年 12 月 13 日实施的《上市公司信息披露管理办法》,2012 年 2 月 14 日修改的《上市公司收购管理办法》,等等。而与此同时,中国资本市场对外开放进程也在循序渐进地推进,2002 年 11 月 8 日中国证监会和中国人民银行联合下发《合格境外机构投资者境内证券投资管理暂行办法》,正式推出 QFII 制度。2007 年 6 月 20 日颁布了《合格境内机构投资者境外证券投资管理试行办法》,并由此正式推出了 QDII 制度。此后,我国股票市场又推出了沪港通、沪深通以及沪伦通等制度,但其中最引人注目的是 2014 年 11 月 17 日开通的沪港通制度(Shanghai-HongKong-Stock Connect),其对外开放力度和广度是前所未有的,并且经过多年运行,沪港通制度对我国股票市场的影响也能够得到相关的检验。

所谓沪港通制度是指上海证券交易所和香港联合交易所建立技术连接,使内地和香港投资者可以通过当地证券公司或经纪商买卖规定范围内的对方交易所上市的股票。沪港通包括沪股通和沪港通下的港股通。沪股通,是指投资者委托香港经纪商,经由香港联合交易所在上海设立的证券交易服务公司,向上海证券交易所进行申报(买卖盘传递),买卖沪港通规定范围内的上海证券交易所上市的股票。沪港通下的港股通,是指投资者委托内地证券公司,经由上海证券交易所在香港设立的证券交易服务公司,向香港联合交易所进行申报(买卖盘传递),买卖沪港通规定范围内的香港联合交易所上市的股票。① 从沪港通制度的运行情况看,尽管港股通标的股票总数占香港市场股

---

① 王慧彩:《一本书读懂沪港通/深港通》,人民邮电出版社 2017 年版,第 3 页。

票总数的比例以及沪股通标的股票总数占上海 A 股总数的比例都有一个限制,并且对内地投资者还存在一个账户资金门槛的要求,但不可否认沪港通制度作为内地与香港股票市场交易互联互通机制,其开放力度和范围都是历次开放政策所不能比拟的。而且也有理由相信,这一重大的制度创新必将对沪港两地市场带来深远的影响,这也正是本书选择沪港通制度实施所带来的经济效果作为研究主题的原因。

从直观上看,本书发现由于沪港两地市场环境差异、制度差异以及投资者保护水平的差异,境外投资者对内地投资的热情还十分有限,该制度推出之初所期望的吸引更多机构投资者以改善内地投资者结构以及吸引更多外部资金作为沪市“活水”的目标还远未达到,而且两市的资金呈现非对称流动现象,内地市场总体表现出净流出状况,这使得内地股市原本紧张的资金局面更加捉襟见肘。此外,包括机构投资者在内的境外投资者在内地的投资行为表现出典型的内地投资者行为特征,即持股时间短、买卖频繁,尽管其持股仍然以大盘蓝筹为主,但其行为特征俨然由价值投资变成了价值投机,相反,内地投资者投资于港股市场反而有着类似香港机构投资者的行为,持股时间长、交易频率低且集中投资于大盘蓝筹股,产生以上这些异常特征的原因到底是投资者结构差异还是市场环境?再次,沪港通制度作为两地市场的互通互联机制,其对两地股价走势的联动效应和协同效应,甚至是两市的一体化程度都应该有所促进,但两地市场的股价走势却出现了明显背离,这些直观感受不能不促使本书对沪港通制度的效果进行思考,而更深层面的,沪港通对市场反应和投资者预期、对股市间信息传导、对股票市场最为基本的功能(即定价效率)又会产生哪些影响,这些都值得进行深入研究。最后是沪港通制度引发的思考。本书正是以这些问题为切入点,利用系统的理论分析和实证检验,考察沪港通制度实施以来的经济效果,发现其不足,剖析背后的深层次原因,以期为沪港通制度实现其预期目标,为改革政策的制定和完善提供有科学依据的建议。

一、 沪港通制度实施的经济效果研究意义

建立一个成熟开放的股票市场是我国资本市场发展的重要目标之一,这个过程不可能是一蹴而就的,同样,对于我国这样一个新兴市场的发展也不可能是一帆风顺的,它必须是一个曲折和不断试错的过程。然而,试错毕竟是有代价的,尤其是当前我国股票市场已经发展到如此巨大的规模,试错的代价很可能是极其高昂的。有鉴于此,股票市场的监管再继续延续开创之初的"摸着石头过河"和反复试错的思维模式显然是不适宜的,对于任何一项制度的推出,相关的理论研究和铺垫是很有必要的。而沪港通制度是近年来我国证券监管部门推出的一项重大制度创新,由于该制度实施时间有限,相关的学术研究比较欠缺,而且现有的研究主要关注沪港通制度长远的战略意义,对现实问题的关注明显不足。在本书看来,制度创新必须考虑制度效率,这个效率更主要的是表现为适应效率。简而言之,美好的制度有时未必带来完美的效果,制度创新必须考虑与市场环境很好的契合才能产生应有的效率。把握沪港通的实施情况、经济效果,及时发现问题,剖析其背后的原因并给出有效的建议,这应该是理论和实证研究应承担的任务。本书的研究主要有以下三方面意义:

第一,可以为监管部门及时把握沪港通制度实施的经济效果提供科学依据。在中国证监会正式宣布开展沪港通制度之初就已经明确把该制度确定为沪港两地市场的互联互通机制试点。正是因为沪港通是一种全新的制度所以才需要试点,对试点效果进行及时总结和对出现的问题进行科学分析无疑更具有建设性意义。

第二,从理论和实践上理清内源式发展和对外开放的逻辑关系和市场秩序,不仅能对我国股票市场对外开放提供一定的政策与建议,更为重要的是,上述的研究还能对沪港通进行准确定位,从而有助于沪港通的顺利实施以及适用效率的最大发挥。

第三,本书的研究成果对我国股票市场其他对外开放制度改革提供借鉴作用。在本书研究沪港通的时候,中国证监会于 2016 年 12 月 5 日正式启动了深港通,2018 年 10 月 12 日正式启动了沪伦通,受限于深港通和沪伦通的开通时间较近,样本数据有限,无法纳入到本书的研究之中,但笔者发现沪港通出现的问题,在深港通乃至沪伦通中依然存在,因此,本书的研究结论和建议对深港通制度和沪伦通制度的完善同样具有借鉴作用和启示意义。

二、　本书思路及框架

沪港通制度的开通有其特殊的历史使命,它的作用并不是对股票市场的短期刺激,而是为了进一步深化资本市场改革的破题之举。[①] 众所周知,我国股票市场的制度建设长期滞后于股票市场的发展规模,这使得股票市场应有的功能被严重扭曲,融资功能被过度发挥,而价格发现功能和资源配置功能被严重弱化,投资者利益长期得不到有效保护。在这种背景下,开启沪港通制度,通过两地市场的互通互联机制绝不仅仅是引进战略投资者、引进资金作为新的"活水"以及成熟的投资理念这样简单,其更深层的含义在于通过这种机制能够将内地这个新兴特征明显的市场与相对成熟的市场进行连接和"捆绑",引入一个新的外部治理机制和约束机制,进而倒逼我国股票市场各项制度的建设,完善市场环境,加快内地市场迈向成熟市场的进程,并最终实现更好地发挥市场应有功能的长远目标。

鉴于沪港通制度具有近期和长远的多重政策预期和目标,其实施的经济效果也应该是多方面的,因此本书在对沪港通制度的实施背景与运行情况进行分析的基础上,首先从沪港两地市场间联动关系的变化进行考察。事实上,在沪港通开通之前,由于沪港两市已经存在了一定数量的交叉上市股票,而且港股市场 60%以上的市值为中资股,加之一定的资金流动,两市间已经存在

---

① 曹凤岐:《沪港通是 A 股市场迈向成熟市场的重要一步》,2014 年 11 月 17 日,见 http://finance.eastmoney.com/news/1585,20141117446728749.html。

一定程度的联动性,而沪港通制度开通之后又对其带来哪些影响,这是我们首先要研究的问题,此外,考察市场间联动关系还有另外一层含义,即研究两地市场一体化水平(或分割程度),因为沪港通制度最为直观的作用就是通过新制度安排来消除原有的市场壁垒,促进两市一体化水平。以上构成了本书的第一部分实证研究。然后,内地股市长期都存在估值虚高问题,主要表现为 A股相较 H 股溢价程度较高,即 A/H 股价差较大,不过交叉上市股票是沪港通标的股票中的一部分,那么沪港通制度的开通对此有何影响,其背后的原因是什么,这是本书的第二部分研究。此外,尽管沪港通制度最为直接的效果是打通了两市的资金流动渠道,但市场间除了资金流动外,更为重要的却是信息传导效应,利用计量模型实证分析沪港通对沪港两市信息传导效应的影响则构成了本书实证研究的第三大部分内容。对信息传导效应的研究事实上也对风险传导分析,沪港通开通后,市场间存在着内地和香港投资者能够共同交易的标的资产,那么这些标的资产在市场间的风险传导效应如何予以关注。再次,鉴于股票市场最为核心的功能是价格发现功能,亦即定价效率,它决定了市场的资源配置效率。政府监管部门推出的各项改革措施的最终目标也是服务于该功能的充分发挥,因此,本书第四大部分实证研究以沪港通制度实施对市场的定价效应影响作为研究内容。最后,在对上述沪港通制度实施的经济效果进行实证研究的基础上,本书又进一步对沪港通制度进行准确定位并提出股票市场对外开放的相关建议,从而确保沪港通制度的顺利实施以及最大限度地发挥其对股票市场的适用效率。

以上几方面内容不仅关系到沪港通制度能否健康持续的发展,而且也关系到我国投资者的利益以及我国股票市场稳定和发展,因此本书将围绕这些相互关联的内容展开研究,以期对沪港通制度实施的经济效果有一个全面的考察。

全书共有八章,章节间的具体框架结构见图 1。

第一章是股票市场开放与制度创新的理论分析。首先对本书所涉及的相

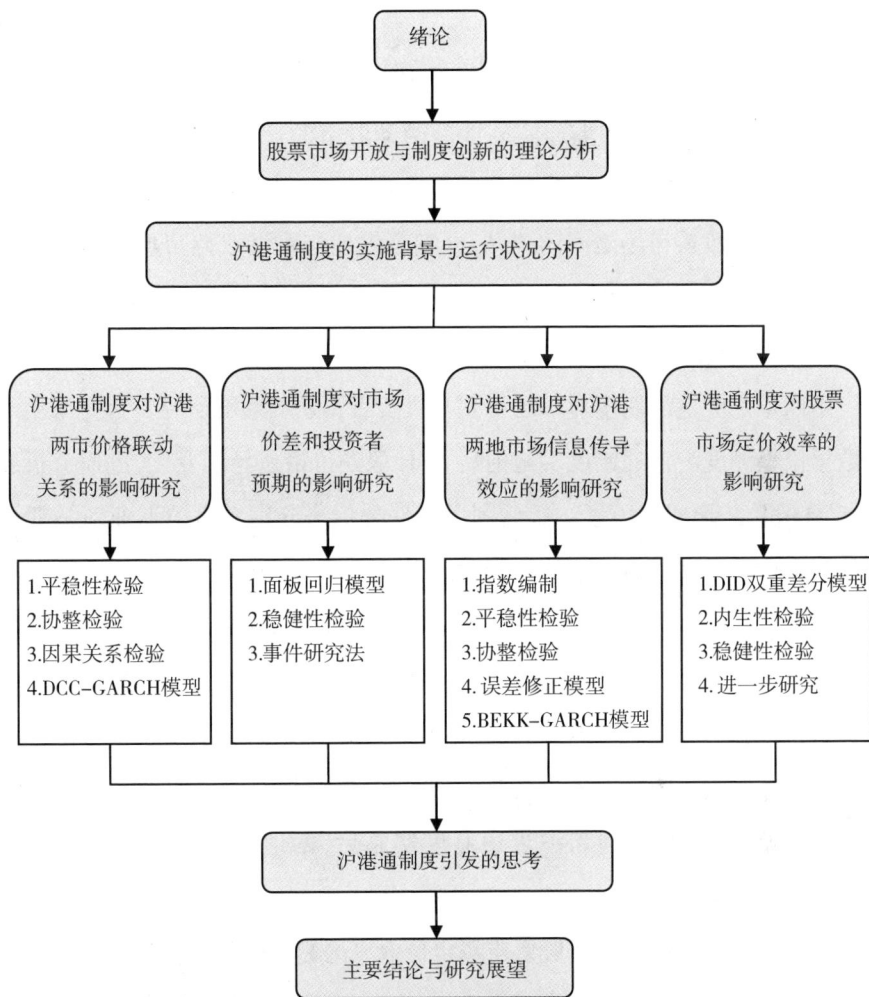

图 1　内容框架图

关理论进行阐述,主要分为两个部分,即股票市场开放的理论分析和制度创新的理论分析;然后对沪港通制度的国内外相关文献进行梳理,总结研究现状、指出研究不足、提出研究争论,进而指出本书的立足点。

第二章是沪港通制度的实施背景与运行状况分析。首先梳理了沪港通的实施背景,包括沪港两市基本情况概述;然后在介绍沪港通基本内容的基础上,利用规范研究法重点分析了沪港通的运行现状,为深刻理解沪港通制度提供相应的经验证据。

第三章是沪港通制度对沪港两市价格联动关系的影响研究。首先选择 Johansen 协整检验考察沪港通实施前后两地股市的长期均衡关系及其变化，从而对两地股市的协同关系做一总体考察；然后利用格兰杰因果关系检验分析上海和香港股票市场之间的关系，并判断内地与香港股票市场之间的因果关系究竟是由哪个股票市场主导；最后采用 DCC-MVGARCH 模型，考察了沪港通制度的出台对沪港股票市场关系的影响。

第四章是沪港通制度对市场价差与投资者预期的影响研究。首先采用面板数据模型测度沪港通制度实施前后 A/H 股票价格差异的变化，进而分析影响 A/H 股价差形成的因素。然后利用事件分析法分别考察沪港通对沪股通标的股票价格和港股通股票价格产生的影响。

第五章是沪港通制度对沪港两地市场信息传导效应的影响研究。首先利用误差修正模型来分析沪股通标的股票和港股通标的股票之间的短期波动效应，然后采用 BEKK-MVGARCH 模型考察沪港通制度实施后，沪股通标的股票和港股通标的股票的波动溢出效应，以此来分析沪港通制度对两地市场间信息传导效应的影响，并判断沪港通制度实施后，两地市场之间的风险传染特征。

第六章是沪港通制度对股票市场定价效率的影响研究。首先利用未来盈余反应系数作为定价效率的代理变量，利用 DID 双重差分模型考察沪港通制度的实施对沪股通标的股票定价效率的影响，然后本章还利用股价对未来现金流反映能力做了一个相互佐证的检验，最后又进一步对港股通标的股票的定价效率进行了检验，以此来解释产生上述结果的原因。

第七章是沪港通制度实施的经济效果及展望。该部分主要是在前文研究工作的基础上，对本书的主要结论进行总结和阐述，提出股票市场开放的政策建议，并针对本书研究不足提出未来研究展望。

本书将突出定性分析和定量分析相结合的特点，在各章的讨论中运用协整检验、格兰杰因果关系检验、事件研究法、面板数据分析法、DID 双重差分模型、误差修正模型、DCC-GARCH 模型、BEKK-GARCH 模型等方法进行定量分析,以期达到结论更加可靠的效果。

三、 创新与贡献

股票市场对外开放方面的制度创新研究不论在是国外还是在国内,均属于较新的研究领域,时至今日,国外的研究不过十几年的时间,而国内的相关研究主要产生于近年,且相对较少。本书在对相关理论和文献进行梳理的基础上,着重从沪港两地市场关系、市场反应、信息传导效应、市场功能发挥程度等几个方面对沪港通制度实施的经济效果进行了实证分析,并针对实证结果和所涉及的深层次原因进行了分析。从目前所掌握的文献看,本书主要在以下三方面有所创新和贡献:

第一,通过对沪股通和港股通现状和两地投资者行为的分析,本书提出长期被业界和学术界诟病的内地投资者投资行为和投资理念,如短期化、投机性、炒小、炒新、炒壳等,未必是由于内地投资者结构以散户为主以及缺乏成熟的投资理念造成的。沪港两市投资者行为的差异与其说是投资者结构和投资理念的差异,倒不如说是由于两地市场制度环境和市场环境之间的差异造成的。内地投资者在港股市场所表现出来的持股时间长、持股为大盘蓝筹为主的特征具有典型化的港股市场投资者的特征,相反,香港投资者在内地却表现出典型的内地投资者的特征,两地投资者这种反常行为并不是源于企业在开通沪港通制度前后投资的标的股票有多大变化,因为 2010 年以来香港股市市值 60% 以上为中资概念股[①],沪港通制度开通前后其投资标的总体差别不大,只是沪港通制度的开通增加了投资标的的选择而已。这种投资者行为变化恰

---

① 中资股主要是 H 股、红筹股、内地民营企业股,其中 H 股是指注册地在中国内地、上市地在香港的外资股,而红筹股在境外注册、管理,属于香港公司或者海外公司,2016 年年底中资股占香港股市比例为 63.3%,2017 年年末为 66.2%,而且中资股主要为 H 股和红筹股。

恰说明规则决定行为,市场环境和相应的制度结构同样也决定了投资者的行为,所以,过于强调投资者结构和投资理念并非有益于中国股市的发展,而加强制度建设、完善市场制度环境、提升市场监管水平对于当下我国股市应该更为重要。

第二,通过对沪港通制度经济效果的实证考察,本书发现,总体而言,沪港通制度实施这几年时间里,其对沪港两地市场联动性,亦即一体化程度、A/H股价差、信息传导效率以及市场定价功能的提升的作用还非常有限。本书认为其根源在于两地市场环境间存在着差异,我国香港股市制度环境和投资者保护水平都较内地股市具有更大的优势,加之内地市场自 2015 年中期股灾之后长期低迷,市场吸引力极度下降,场内资金紧张,交投不活跃,因而导致了沪港通开通之后,两地市场资金流动的不对称性现象较为突出,内地股市资金持续净流出,使得原本紧平衡的市场更加失衡,从而制约了沪港通制度功能的发挥。

第三,沪港通制度是近年来我国股票市场实施的一项重大创新制度,尽管该项制度在业界受到了广泛的关注,但该制度实施时间不长,正规的学术研究成果还非常有限。在为数不多的沪港通制度相关研究中,主要从定性方面进行考察,而从定量方面进行实证研究的文献较少,尤其是从股市一体化、A/H股价差、信息传导效率以及市场定价功能等方面考察沪港通制度实施效果的文献还很欠缺,本书的研究无疑是对现有文献的有益补充。

第一章　股票市场开放与制度创新的理论分析

本章导读

为了能够厘清沪港通制度实施的经济效果,本章对书中所涉及的相关理论进行阐述。本章的结构安排如下:第一节是股票市场开放的理论分析,主要从股票市场开放的动因、为什么要开放什么时候开发和开放带来的影响三个方面进行分析;第二节是中国股票市场开放历程;第三节是中国股票市场的制度环境,主要包括发行制度和交易制度等;第四节是制度创新的理论分析,包括制度创新的含义、内容、过程、类型及功能等。

第一节　股票市场开放的理论分析

随着港股直通车、合同境内机构投资者(QDII)、合格境外机构投资者(QFII)、沪港通、深港通、沪伦通等制度的先后实施,我国股票市场不断尝试着对外开放。在下面所做的股票市场开放理论分析中,本节主要从开放的动因和开放的影响等方面进行回顾。

一、股票市场开放的动因

股票市场是否进行对外开放,主要取决于收益和成本之间的权衡。斯图尔兹(R.Stulz)等通过对一些欧美股票市场的调查发现,股票市场是否对外开放主要源于一些能够感知的收益,特别是增加股票的流动性、提高本国股票市场的有效性、降低市场分割程度、深化股票市场改革等,并且,这些收益与股票市场对外开放所需的成本相比,所获得的收益要远大于成本(Doidge、Karolyi和 Stulz,2001)。有鉴于此,本小节介绍国际资本流动理论、市场分割理论、投资者认知假说、有效市场假说、金融深化理论等与此相关的理论。

(一)国际资本流动理论

股票市场对外开放能够使得资本在各个股票市场之间自由流动。而资本在各国股票市场上的流动正好属于国际资本流动的研究范畴。因此,本章借助国际资本理论来分析股票市场开放过程中的资本流动问题。作为经济全球化的重要标志,国际资本流动是指资本在不同国家或地区之间的转移,包括单向流动、双向流动、多向流动。国际资本流动按照不同的分类标准可以划分为不同的类别,而最常见的分类标准是按照资本的使用时间对国际资本流动进行划分,可以分为长期资本流动(时间大于一年或无使用期限)和短期资本流动(时间小于或等于一年)两大类,其中股票投资属于长期资本流动。

引起国际资本流动的原因主要包括:第一,资本市场的对外开放。为了经济的快速发展,许多国家或地区实施对外开放政策,利用各种税收优惠政策吸引国外企业在本国进行建厂投资,因此,跨国企业的产生将极大地增加国际市场间的资金流动。第二,投资回报率的最大化。投资者的最终目的是投资收益最大化,那么当其他国家的资本报酬率高于本国,投资者自然选择到投资回报率高的市场进行投资,当其他国家的资本报酬率低于本国市场的资本报酬率时,投资者自然会将资本从外国市场抽出,投入投资回报率高的本国市场,因此追逐利润最大化的投资者们的资本在国际市场间的流动加剧国际资本流动。第三,过剩资本的形成。随着经济的快速发展,投资者的资本累积也随之快速增长。为了追逐更多的投资报酬率,投资者已经不满足于在本国进行投资,许多投资者将目光转向国外,在国外资本市场上逐利,而在国外市场上获得的利润又增加了投资者的过剩资本,从而使得资本在国际市场上无限循环的转移。第四,其他因素也可能导致国际资本流动。

国际资本流动的一般模型是用来解释国际资本流动的目的和流动的效果的模型,由英国学者麦克杜格尔(G.D.Macdougall)提出,如图 1.1 所示。

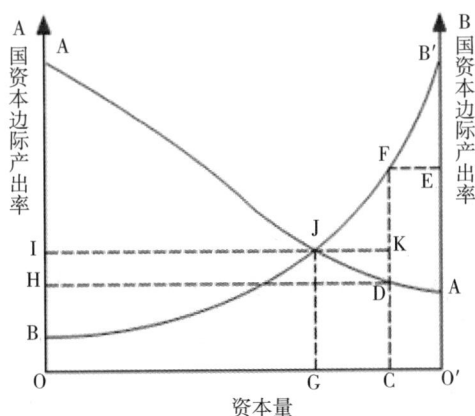

图 1.1　国际资本流动的一般模型图

该模型存在两个假设前提:一个是两个资本市场都是完全自由竞争市场,资本可以在两个市场自由流动;另一个是资本的边际产出率递减,资本的收益随时间的推移而逐渐减少。当两个国家均属于完全竞争市场且两国之间存在利率差异或者存在投资报酬率的差异时,投资报酬率低的国家的资本就会流向投资报酬率高的国家,从而产生国际资本流动。当资本流动时会相应改变两国的资本边际产出率,但最终会使两个的资本边际产出率趋于平衡。

如果两个国家都不是完全竞争市场,而是处于封闭阶段,那么两国的资本就不能对外进行投资,而只能在本国进行投资。当 A 国将所有资本量 OC 都投入到本国市场中,那么 A 国的总收益应该等于△OADC;当 B 国将所有的资本量 CO′都投入到本国市场中,那么 B 国的总收益应该等于△O′CFB′,因此在两国不存在自由流通时,两国的总收益等于△OADC+△O′CFB′。

如果两个国家都是完全自由竞争市场,资本可以在两国自由流动,那么拥有多于资本的国家可将剩余资本投入相对较少资本的国家,从而获得更多的利润。如果 A 国将剩余资本量 GC 投入本国市场,得到的总收益为△CDJG,如果将剩余资本量 GC 投入到 B 国市场中,A 国的边际产出率由 OH 上升到 OI,那么 A 国将增加收益为△JDK;B 国接受 A 股的投资,那么 B 国的资本总量从 O′C 提高到 O′G,总收益变为△O′B′JG,其中 A 国获得的收益是△JDK,剩余的面积是 B 国获得的收益,相较之前不允许 A 国进入本国进行投资,B 国开放后将获得额外收益为△JFK。这时两国的总收益等于△OADC+△O′CFB′+△JDK+△JFK。

综上所述,当两国处于开放经济系统时,投资者根据自身利益可以选择在两国中的任意一国进行投资,极大地促进了两国之间的资本流动,与处于封闭经济系统相比,两国均能获得额外收益,这也是许多发达国家选择经济系统开放的原因。将这个模型应用到股票市场,也同样适用,如果两个股票市场选择互联互通,大量资本将会在两个市场上流动,从而使得两个股市均能获得增量收益。因此,股票市场开放的目的之一便是促进资本流动,从而提高股票市场的资源配置效率。

(二)市场分割理论

市场分割理论认为,如果市场存在着同股同权但却不同价的现象时,那么该市场存在市场分割现象。卡尔伯特森(Culbertson,1957)最先倡导市场分割理论,他认为导致市场分割的原因主要分为三个层面:第一层原因是政府强制,包括投资限制、所有权限制等制度方面的原因,这也是导致市场分割形成的最主要原因,属于强式分割。第二层原因是投资者规避风险。投资者将注意力集中于市场中的部分较为熟知的金融产品,出于规避风险而对其余金融产品不予考虑,从而导致市场分割,而这种原因导致的分割并没有政府强制导致的分割程度大,因而属于半强式分割。第三层原因是投资者追求的并非利益最大化,而是心理上的满足。这种原因对市场分割的影响最小,因此属于弱式分割。而且,卡尔伯特森根据市场分割理论将金融市场分为短期市场、中期市场、长期市场。其中,在短期市场中,投资者主要将资金投入风险小、本金稳定的保本型理财,主要市场参与者为商业银行、货币市场基金等保守型投资者;长期市场的投资者更注重的是收益的稳定性,主要投资者是养老基金以及保险公司等;而中期市场的投资者较为复杂,部分投资者追求高风险高收益,部分投资者追求低风险低收益,中期市场的投资者追求的目标并不一致,并且中期市场并没有市场的主导者,投资者群体较为分散。

如果股票市场是分割的,那么这种分割一般是由于政府的制度约束导致的,属于强式分割。而强式分割将影响信息在股票市场之间的快速传递,导致股价信号作用失效,股票市场的均衡价格将难以形成,导致股票市场存在同股同权不同价的现象,从而降低股票市场的有效程度。希耶塔拉(Hietala,1989)的研究显示,将股票市场部分对外开放,使得本国股票市场上的股票能够进入国际市场进行交易,能在一定程度上缓解股票市场分割程度,逐步实现股票的同股同权同价。因此,通过减少市场分割来提高本国股票市场的资源配置效率成为股票市场对外开放的主要目的之一。

（三）投资者认知假说

默顿·米勒(Merton Miller,1987)首次提出投资者认知假说。由于市场分割现象的存在,股票市场上的信息不能在市场中自由地流动,信息不对称现象普遍存在于股票市场中,因此股票市场中的投资者对不同股票所拥有的信息也不尽相同。在此基础上默顿·米勒提出,如果其他条件相同,那么投资者更愿意将自有资金投入熟知的股票,并且,由于熟悉企业投资者数量的扩大会降低因不熟悉股票所产生的"影子成本"(shadow cost)和降低投资者的期望收益率,从而增加公司股票的市场价值。默顿·米勒还指出,提高投资者对股票的认知程度将会大大降低公司的融资成本。实证检验中,默顿·米勒利用投资者数量作为投资者认知程度的代理变量,考察投资者认知程度对公司融资成本的影响,结果显示两者确实呈显著负相关关系。在默顿·米勒看来,开放股票市场是管理者提高投资者认知度的主要途径。对于一个有融资需求的企业,最直接有效的办法就是引入更多的投资者对股票进行投资。如果股票市场开放,将引入更多的外国投资者对本地股票市场的股票进行投资,这不仅增加了投资者数量,还能引入新的资金缓解融资困境。

弗斯特和卡罗伊(Foerster 和 Karolyi,1999)在默顿·米勒的基础上对投资者认知假说进行了改进。境外上市是开放股票市场的一种方式,如果企业能够到境外进行上市,不仅能扩大投资者数量,还能够提高公司的企业价值。弗斯特和卡罗伊认为投资者数量的扩大可以在一定程度上分散公司的投融资风险,从而降低公司在融资时所需成本,进而提升公司价值。与此同时,斯图尔兹(Stulz,1999)、伦巴多和帕加诺(Lombardo 和 Pagano,1999)、马丁和雷伊(Martin 和 Rey,2000)的实证研究也支持了弗斯特和卡罗伊的结论。

通过对比投资者认知假说与市场分割假说我们发现,两者最大的区别在于,投资者认知假说认为即使外国投资者或者其他市场投资者能够将资金投入到本公司股票中,但是这些新进入的外部投资者可能因为对公司的不熟悉,从而不会将资金投入到本市场股票中,因此即使股票市场开放也不会产生资产定价理论所强调的风险报酬,那么股票市场开放就失去了意义。从这方面来说,提高投资者认知水平成为股票市场开放的目的之一。

(四)有效市场假说

法玛(Fama,1970)在深入分析并总结前人的理论研究和实证分析结果的基础上提出了有效市场假说(Effieient Market Hypothesis)。有效市场假说又称"有效市场理论",该理论假定市场上的投资者均是理性的,即使存在不理性的投资者,也由于市场间存在套利从而消除不理性的投资者对证券价格的影响,法玛认为如果证券价格能够准确而充分地反映证券市场上的全部信息,那么就认为这个证券市场是有效市场。而且,法玛认为有效市场理论的关键点在于,一方面证券价格是否受到信息的干扰,另一方面是信息如何影响证券价格。

有效市场理论主要包括三方面内容:第一,证券市场上存在大量的理性投资人,这些理性投资人能够独立地对证券市场进行全面而准确的分析,并且理性投资人都是以投资收益最大化为根本宗旨在证券市场上进行交易;第二,证券市场上的信息均是独立且随机的,当信息进入股票市场时,每个信息都能对股票价格产生独立的影响,与此同时,每次股价的变动都仅仅受当前信息的影响,与其他信息无关;第三,每个理性投资人都能够准确而及时地接收到信息对证券价格产生的影响,因此,该市场不存在信息不对称情况,理性投资者均无法获得额外的市场报酬,该证券市场上的理性投资者只能获得平均市场报酬。以上三方面内容能够使得证券市场上的价格完全反映其市场上的信息,从而形成有效证券市场。

法玛将股票市场上的信息分为三类,即历史信息、公开信息、内幕信息,并根据这三种不同类型的信息把市场分为三种形态:第一种是弱式有效市场。弱式有效市场是指股票价格能充分反映历史信息,且市场上的历史信息对证券价格无影响。其中历史信息包括成交额、成交量、换手率、市盈率、涨跌幅等。那么在弱式有效市场中,技术分析不能帮助投资者获得额外收益,基础分析可能帮助投资者获得收益。第二种是半强式有效市场。如果证券市场上的证券价格能准确且迅速地反映历史信息和公开信息,那么这个市场就是半强式有效市场。其中历史信息仍然是指成交额及成交量、换手率、市盈率、涨跌幅等,公开信息指上市公司或其他金融机构已经公开的与经营业绩相关的,能影响其价格的信息,例如年报或季报中的信息披露的内容,如发放的红利、股权变动等。在这个市场中,技术分析和基本分析都已经不能帮助投资者获得额外收益,而内幕消息可能是唯一的办法。第三种是强式有效市场。如果一个市场上的所有信息都能对股票价格产生影响,那么这个市场就是强式有效市场。在强式有效市场中,历史信息、公开信息和内幕信息都能反映在证券价格中,因此投资者在强式有效市场是没有办法能够获得额外收益的,投资者只能获得平均市场报酬率。

在法玛看来,判断证券市场有效性主要在于市场价格反映哪几类信息。历史信息是既定的,内幕信息在于公司内部管理,因此公开信息成为影响市场有效的关键,而资本市场的公开信息主要来源于上市公司或金融机构的年报或季报中的信息披露,那么信息披露质量能够直接影响市场的有效程度。

对于股票市场而言,良好的信息披露制度是建立有效股票市场的基础,开放股票市场能够倒逼本国股票市场不断完善信息披露质量,进而促进股票市场有效性不断提高。对于一个新兴股票市场而言,完善信息披露制度的最快捷有效办法之一就是引入国外较为先进的信息披露制度。如果新兴股票市场通过对外开放政策,吸引部分外国较为发达市场的投资者进入本国投资,能够在一定程度上绑定国外较为先进的信息披露制度,从而倒逼本国股票市场的信息披露制度不断完善,进而促进股票市场的有效性得以提高。因此,提高股票市场有效性成为各国股票市场国际化发展的目的之一。

(五)金融深化理论

1973年美国经济学家爱德华·肖(Edward S.Shaw)和罗纳德·麦金农(Ronald I.Mckinnon)分别出版了《经济发展中的金融深化》和《经济发展中的货币与资本》两本著作,标志着金融深化理论的建立。罗纳德·麦金农最先提出了金融抑制的概念,罗纳德·麦金农认为金融抑制是发展中国家的经济发展较为落后的主要原因,而发展中国家的市场经济体制不够健全和完善,经济发展的效率和速度受到制约是产生金融抑制的根本原因。政府干预不仅没有促进发展中国家的金融发展,反而阻碍了该国金融体系的自我发展和完善,进而造成了金融发展受到抑制。从根本上来说,金融抑制是由于发展中国家经济发展较为落后,缺乏健全的金融体系,市场机制和金融机构的基础设施建设不完善,无法跟上国内金融需求的发展,金融抑制产生的本质在于金融资源的缺位。发展中国家的政府部门为了把有限的财政资源集中在经济回报率较高、发展前景较好的有利部门,采取了低利率的金融抑制策略。金融抑制是政府针对低利率、低汇率采取的一系列措施,主要是政府干预金融市场,人为设定利率上限,将利率和汇率降到低于市场均衡水平,导致金融体系的发展受到抑制。较低的利率虽然在一定程度上提高了社会的投资意愿,但同时也导致资金储存量的下降,较低的资金储存量无法满足高水平的社会投资需求,在必要的社会投资需求得不到满足的情况下,这将直接影响公共收入的增长,也减缓了该国经济的增长速度。此外,当发生通货膨胀和预算赤字时,发展中国家通常采用金融抑制措施,因为政府采取金融抑制措施时(即低利率政策),会使得许多社会投资者向银行等金融机构进行贷款,贷款资金更多地投向实物项目,银行等金融机构的资金量大幅度流出,可留用的资金较少,从而造成银行等金融机构的发展受限。

1. 金融深化理论的主要内容

金融深化理论主要包括三方面内容,即金融抑制的负效应、金融深化的度量指标以及金融自由化的正效应。

(1)金融抑制的负效应

金融抑制是指当国家金融体系不完善,金融工具较为单一,金融市场的营销机制作用不充分,在经济活动中过多采取金融抑制的调控措施,而受到抑制的金融又反过来抑制经济发展的速度和效率。减少金融抑制,实行金融深化不仅是发展中国家发展经济的必要条件,也是社会发展走向成熟的必然阶段。罗纳德·麦金农的研究表明,金融抑制在发展中国家普遍存在,即发展中国家通过利用本国通货膨胀和规定贷款年利率来人为地降低实际利率,然后严格控制金融机构的信贷分配,从而助推本国的货币兑换汇率被人为地高估。

金融抑制的负效应主要体现在国民收入、社会储蓄、投资效率、国民就业等方面。金融抑制产生的原因主要有两方面：一方面由于发展中国家的经济发展较为落后，这直接影响本国的金融市场的发展，另一方面由于发展中国家为了促进本国经济的发展而过多采取金融抑制的措施。较为单一的金融机构、专业化程度较低的金融分工、薄弱的金融风险控制能力、较低的金融产品创新能力等都会导致发展中国家的金融市场发展受到抑制，进而影响本国的国民收入、社会储蓄、投资效率以及就业等方面。

（2）金融深化的度量指标

爱德华·肖（Edward S.Shaw）的研究表明，金融深化的度量指标主要有四种。第一种是金融存量指标。金融存量指标是反映一个国家在某一时点金融发展程度的指标体系，它是可以用来衡量金融深化程度的指标。金融存量指标的作用是衡量某一地区范围内的金融发展对于经济作用的情况，通过金融指标体系作为标尺来度量金融对于该地区的发展影响。这些指标有：①金融资产存量与国民收入的比值，爱德华·肖认为金融资产与收入的相对比值是衡量整体资产利用率的一项主要指标。金融资产具有强流动性特点而实物资产流动性相对较弱，金融资产占比扩大了，相应金融产品类别也相对增多，并且期限不同的金融产品提供了资产的周转率。②金融资产储量特征，爱德华·肖认为，不同金融资产的比重有不同种类金融产品的比例结构，同一时点的不同金融产品结构拥有不同的金融产品流动性，从另一角度反映金融深化程度。

第二种是资金流动指标。金融流量指标是利用一段时间内的金融发展状况，衡量一个国家金融深化程度的指标。金融深化可以减轻财政负担，缓解海外储蓄需求，防止资本外流，将储蓄从在建项目中转移。这些指标包括：①财政在投资来源构成中所占的比例。爱德华·肖指出，随着金融的深化，财政在投资中所占的比重应该逐渐减少。②银行储蓄在居民总储蓄中所占的比重。这一比例将随着金融深化而减少。③企业通过银行贷款在企业整体融资比重的变化。随着金融的深化，这一指标有缩小的趋势。

第三种是金融资产价格指标。金融资产价格指标是指在金融市场中的金融产品及交易费用等金融服务价格水平,它们是衡量金融深化程度的指标。肖认为,用该种衡量金融深化的方式是最有效率的衡量办法。主要包括以下内容:①实际利率,实际利率水平的高低是与金融深化程度是有正相关性的。②利率的期限结构。不同期限的利率结构能够反映出贷款消费的消费意愿程度,更能够深化金融资产能使利率市场出现更为合理高效的利率结构。③汇率指标。金融高度深化能加速国际金融流通,减少金融摩擦和交易费用,使汇率更为接近真实货币购买力的比例。

第四种是金融机构指标。金融机构指标,金融机构的获利能力主要一部分由于金融服务能力产生,金融深化程度越高,金融体系交易货币量越多,金融机构的整体获利也越多,从而能够反向衡量金融深化程度。

(3)金融自由化的正效应

与金融抑制相比,金融自由化对于经济发展的正效应更多。金融抑制指金融在发展中的参与程度受到外部或政府行政干预而不能充分发挥金融作用,无法给经济增长提供正常正效应。反观金融自由化能够促进金融体系发展,能够更为符合实际经济发展需要,提供优质金融服务。发展金融自由化主要是指:利率市场化程度加大、减少具有行政色彩的信贷行为,降低金融机构进入门槛、提供直接融资办法、放松对利率和汇率的限制、为资本流动提供便利等。

罗纳德·麦金农和爱德华·肖的主要观点是金融市场能够促进资本高效流动。政府和监管机构应减少或停止在自发形成的市场制度下进行监管干预和控制,放开市场调节汇率和利率功能,反应出外汇和资金的价格水平变动。这样,在机会对等且自由的金融市场上能够使资金按照收益和风险的市场化水平流向高回报和相对安全的生产活动中。此外,随着社会总收入的增多,提升各生产和服务组织对金融业务的需求,激励金融行业中的成员发展和完善自身服务机制,形成经济增长与金融深化过程相互促进的良好协同发展的良性循环。

2. 金融深化效应分析

麦金农和肖认为,金融抑制的出现是金融机构业务活动受到限制的体现,其减缓了高效金融市场的形成和发展,使得金融体系发展不健全、不平衡,资金利用效率和投资收益不高,最终阻碍了整体经济发展。所以,解除金融抑制就要推进市场化的金融行为不断深化,使得健全的金融行为能高效利用社会上资金资本去进行高效和高收益的生产活动进行资本的优化配置。

金融发展通过以下六种方式对经济产生正效应。

第一,收入效应。收入效应是指在经济活动中产生的货币余额的增长,使得社会货币化程度提高,对经济增长产生促进作用。收入效应能够使得货币流量增多,并且能够提升收入的公平分配。金融深化而带来收入效应现象有利于整体经济长期稳定增长。

第二,储蓄效应。金融深化对储蓄的影响主要有以下三方面的表现:(1)金融深化能提高实际利率,金融资产占比提升和实际收入增长能够提升私人储蓄意愿,总体储蓄增加进而社会有效资本增加;(2)金融深化能够提升生产资本使用效率,企业部门提升货币储蓄比例,利润导向鼓励企业纳入更多的闲置货币进行金融业务储蓄,使得整体经济储蓄趋势提升;(3)金融深化的储蓄效应对金融国际化产生促进作用,金融深化提升储蓄利率,在某些货币利率的比较中,形成了比较优势,资本吸引力得到有效提升。

第三,投资效应。金融深化引起了储蓄提升的储蓄效应,储蓄的增加对投资产生了正向化促进影响。金融深化扩大了资本获益渠道,增大了资本来源范围,边际投入产出比提升,使得资本获取成本降低,提升了投资收入。

第四,就业效应。因为资本实际收益率的提高,扩大投资的同时,提升了投资的成本,会发生生产要素中劳动力或土地对资本这一类生产要素的替代效应,在金融深化扩大投资的同时增加了劳动力的吸收力度。因此,社会中部分低收入和未就业的劳动人口能够实现收入的跃升和增加就业比例,形成劳动密集度提升的社会就业现象。

第五,"寻租"规避效应。在金融抑制发生时,规制限定了部分人群的金融行为,阻碍了自发的趋利行为,但不能杜绝趋利显现,在金融限额的管制金融市场上不难出现寻租行为,寻租行为的出现是金融特权人群剥夺其余金融参与人权利形成的利益侵占行为。金融深化的金融市场能减少金融特权人群,增加"寻租"行为成本并使成本大于收益,从而能长期有效地杜绝次类"寻租"行为的出现。

第六,导管效应和替代效应。在一般情况下,低利率与通货膨胀并存的状态,利率的提升对投资是有抑制作用的,即投资与利率水平负相关。但是麦金农认为,在发展中国家,适当提高利率水平,有助于通过储蓄等方式进行资金的流动和归集,能够利于投资的增加,这种利率对投资的正影响叫作导管效应。同样,在投资不足的金融抑制区域,实物资本和货币存在一定的互补特性,当实物资本替代货币的程度随着利率的提升而增加,实际利率过高就会发生替代效应。

二、 为什么要开放,什么时候开放

中国沪、深股市自 1990 年和 1991 年分别建立以来,不论是上市公司数量、市值规模、中介机构、投资者规模等都取得了举世瞩目的成绩,甚至可以说走完了西方成熟市场上百年的历程。然而,在取得这一巨大成就的背后,一个不可否认的事实是,在股票市场快速发展的同时,也积聚了越来越多的深层次问题,突出地表现在股票市场的功能定位、市场制度环境、市场效率、投资者保护等诸多方面。通过市场化的制度改革和创新使股票市场回归到它应有的功能上来,这既是各界共识也是必由之路。但制度创新必须在保障市场稳定的前提下,才能减少改革的阻力,而且制度创新必要保持科学性、系统性、前瞻性和连续性。关于我国股票市场的对外开放的制度安排,一个自然的问题就是:什么情况下适合开放,或者说开放应该遵循一个什么样的次序?

（一）可供借鉴的经济理论

股票市场化改革是一项系统性的改革，不管是内部改革还是外部改革都涉及经济体系的诸多方面。股票市场对外开放对于市场化改革的进展以及经济的持续稳定增长的积极作用与负面效应是交织在一起的，因此市场化改革的次序会对国家经济发展产生重大战略影响。从理论上讲，对于外部改革而言，股票市场对外开放可以促进国际资本的流动，从而能够更有效率地进行股票市场资源配置效率，也能够促进国内股票市场的发展。但是，如果股票市场没有对短期资本进行有力控制，就会导致短期内资本的大量流入和流出，从而使得股票市场产生大幅度的波动，对于股票市场的长期稳定增长造成影响。

关于金融部门的改革次序问题，现有的研究成果已经对此进行了深入的论述，比如，麦金农和肖针对新兴市场国家经济发展和对外开放的问题上，他们在《经济市场化的次序——向市场经济过渡时期的金融控制》一书中就明确地提出了市场化次序问题。他们认为，转轨经济国家在实现市场化改革时存在一个最优次序问题。如果能够把握好改革的次序，就能得到丰厚的回报，如果次序不当则会招致金融灾难。用他们的话说："对一个高度受抑止的经济实行市场化，犹如在雷区行进，你的下一步很可能就是你的最后一步。"他们对经济转轨给出的次序建议是，稳定的财政控制要优于金融自由化，待物价稳定、财政赤字消除后政府才可以考虑开放国内资本市场，而当国内贸易和国内金融成功地实现了自由化后，政府就可以考虑汇率自由化了。

同样，国际货币基金组织的约翰斯顿和桑德拉加在《金融部门改革的次序——国别经验与问题》更是全面地对金融自由化改革进行了系统总结，该报告指出，特定的金融部门改革应有适当次序，协调进行，并反映金融部门改革各部分间的技术性联系。金融部门改革按适当次序进行可以保持稳定，并有助于最大限度地从改革中得到效率和增长。然而，如果次序不当或支持不足，金融改革就要冒风险，并且他们对有关改革次序的研究加以总结，包括：

(1)宏观经济自由化是成功的结构调整的先决条件;(2)国内金融市场自由化应在对国际资本流动管制解除之前进行;(3)贸易自由化和实际部门的调整应优于资本项目自由化。此外,他们还指出,金融部门改革的挑战就是要形成能够提高金融部门效率的有效战略,同时保证金融的稳定。

总之,不论是麦金农和肖还是约翰斯顿和桑德拉加,在他们有关经济改革次序问题上,均强调的一点是,内部改革要先于对外开放,否则金融自由化改革就存在先天不足;改革过程中必须保持金融的稳定,而稳定和高效的金融体系是实行有效的稳定政策、成功的资本流动和高效使用的基础。为什么经济学家更加强调一国内部建设和改革要优先于对外开放呢?其道理并不复杂,如果市场之间差异过大,过快的开放会导致新兴市场的资金以及其他要素向另一方快速地流出,而大量的资金外逃,其市场吸引力必然要下降,市场发展也会停滞,这无疑就是一场灾难,此外,这种资金的快速出逃还会给该国金融市场乃至经济带来极大的冲击,将会给金融体系的稳定性带来极大的挑战,这在世界很多国家已有先例。

(二)股票市场开放的动因与逻辑次序

市场开放和市场封闭是相互对应的,不存在绝对的"好"和绝对的"坏",它必须和市场的发展水平相适应。在市场发展初期,由于其稳定性差,制度不完善,抗冲击能力不足,以及对外竞争力弱等原因,适当地对市场进行保护是有益的,但市场发展到一定的规模和水平之后,开放可能会促进市场的发展。在这个由保护或者说封闭走向开放的过程中,通常包含着一系列新的制度安排和创新,以消除原有的制度壁垒,那么这一系列制度创新的动因是什么呢?在诺斯等新制度经济学家看来,如果潜在利润(利益)在现有的制度环境和制度结构中无法得到实现,那么就需要有新的制度安排的产生,而这个内在需求就是制度变迁的动因。至于为什么会出现在现存的制度环境(或制度结构)下一些潜在的利润无法实现的问题呢,其原因无外乎某项制度无法与现有的制度环境很好地契合,要么是这项制度滞后于现存的制度环境,要么是超前于现有的制度环境,从而导致了潜在的利润无法向现实利润转化。因此,在制度创新时,一个必须注意的问题就是新制度安排要与制度环境(制度结构)相适应,这就是诺斯提出的制度变迁的适应性效率,否则,不论是多美好和多高级的制度安排也未必会带来完美的结果,这也解释了为什么同样的一项制度安排,在某些国家会成功,而在另外一些国家会失败的原因。因此,并非所有的所谓"创新"的制度都会带来效率或者帕累托改进,制度创新必须是一个制度不断优化的过程,而且,只有新制度安排的预期收益大于预期成本时制度才能够被创新。上述理论成果尽管没有告诉我们一个确切的时间点,但却明确地说明了为什么要做制度创新以及开放的时机把握问题,而且还有一个更为重要的衡量制度变迁效率的启示,即政府在推进新制度安排时,要想使制度变迁有效率,那么必须考虑的一个问题就是制度安排与制度环境能够有机结合,从而嵌入的制度安排产生适应性效率。

建立一个成熟、开放的中国股票市场尽管是众望所归,是社会各界的共识,但是按照前述理论逻辑,中国股票市场的对外开放同样要具备一些条件:市场发展到一定的成熟程度,市场内部改革已经很成功,市场较为稳定,内部潜在利润已经很难再挖掘,确实出现了一些外部利益无法在现有的国内市场环境下实现等,这些条件既是实施改革内在动力,也是改革的前提条件,因此,有必要审视一下中国股票市场是否已经发展到了该种阶段,市场内部制度环境建设到了何种程度,市场内部是否足够稳定,是否具有很好的市场间竞争力等一系列问题。

实证研究发现,资本市场开放对经济增长和金融稳定存在"阈值效应",即只有国内资本市场的成熟程度达到一定条件时,资本市场开放才能对经济增长和金融稳定产生积极影响。霍尼格(Honig,2008)的研究发现只有在拥有较好的金融体系的国家,资本市场开放才能带来更高的经济增长收益。艾肯格林等(Eichengreen 等,2011)发现只有在具有发达金融体系、良好会计标准和完善法律制度的高收入国家,金融开放的积极作用才能充分体现。贝卡特等(Bekaert 等,2010)和科斯(Kose,2011)指出一个新兴国家能否在金融自由化过程中获得收益,在金融深度和制度质量等方面存在门槛效应即金融体系更发达或有更高质量制度体系的国家具有更高的生产增长率。卡娅等(Kaya 等,2012)以 70 个新兴市场和发展中国家为例,发现金融自由化和金融发展水平、投资者保护衡量、政府管理经济的水平紧密相关。克莱恩和奥利弗(Klein 和 Olive,2008)的研究发现,资本账户开放的作用与国家制度和经济环境息息相关。兰切雷和托内尔(Ranciere 和 Tornell,2011)通过一个不完美信贷市场的两部分模型分析了金融自由化的收益和成本,发现金融自由化虽然可以改善配置效率和促进经济增长,但在一个随心所欲的制度框架下,会导致金融纪律瘫痪并产生"金融黑洞"。

三、 股票市场开放带来的影响

目前有关我国股票市场开放的相关研究正在深入进行,而研究内容主要集中于股票市场开放对国民经济的整体影响、股票市场开放带来的风险传染以及股票市场开放的治理效应。

(一)股票市场开放对国民经济的整体影响

关于股票市场开放对国民经济的整体影响的研究并不多见,现有的研究观点也不尽相同,主要包括两种观点:一种观点认为股票市场开放促进了国内股市与国际股市的一体化程度,给本地证券交易所、国内上市公司、市场中介机构以及监管机构带来了竞争压力,提高了信息披露水平、透明度、监管水平、公司治理水平等,促进了当地市场的流动性和有效性,同时,开放股票市场会通过风险分散、降低股票市场的融资成本(Errunza 和 Miller,1998)。这种观点与前文回顾的股票市场开放的动因有很大的一致性。埃化扎和康加尔(Engsted 和 Tanggaard,2001)通过研究股票市场开放对国内市场流动性和交易量的影响时发现,市场发展的关键依赖于市场间的信息透明度,而且流动性较低、外国所有权限制较严国家的股票市场与规模更大、透明度更高的股票市场互联互通,能大幅度地改善本国股票市场的质量;另一种观点则认为,股票市场开放会带来负的分流效应(diversion effect),它通过分散当地市场的投资流和交易流导致本地市场交易量萎缩,上市公司和投资者减少。本地市场恶化又会进一步促使好的公司向国外转移。这种分流效应主要通过两种渠道来实现:一是跨境转移渠道(migration)即国际公司的交易量由国内转移到国外,损害了国内市场的流动性;二是国内交易分流渠道(tradediversion),即国内的交易由国内公司转向交叉上市公司(Levine 和 Schmukler,2003)。德普尔森和杨(Deper Sen 和 Young,2001)检验了马来西亚、泰国、菲律宾等 8 个国家的股票市场对外开放政策对股票市场的影响,他们利用 VAR 模型对 8 个股票市场进行实证检验,研究结果显示股票市场对外开放对本国上市公司的可投资性、股票市场的流动性以及国内上市公司的增长数量产生负影响。而对导致分流原因的解释是:由于样本国家多为欠发达国家,而与之互通互融的多为发达国家,发达国家的投资者保护水平更高,在股票市场开放后,本国投资者可能更愿意将资金投入更为发达的国外股票市场(Melvin 和 Valero-Tonoe,2005)。

(二)股票市场开放带来的风险传染

关于股票市场开放对风险传染影响的实证研究已经取得一定的进展。目前关于两者关系的文献主要有以下三种观点:

第一种观点认为股票市场开放会加剧股票市场的波动(Karninsky 等,1999;Stiglitz,1999;Daniel 和 Jones,2007)。按照现代金融风险传染理论,股票市场开放在降低市场分割的过程中也促进了股票市场间一体化程度的提高,那么本国上市公司的股价不仅受到本国投资者的影响,还将受到国外投资者的影响,从而增加股票市场的风险传染。因为一个市场的投资者可能会试图根据另一个市场的股价变化去推测该股的股价,由此产生彼此价格的示范效应。同样,一个市场的大幅波动,尤其是大幅下挫,也会由于投资者的恐慌反应(panic reaction)和羊群行为(herd behavior)把风险传递到另一个市场(Kim和Wei,1999)。贝卡尔特和哈维(Bekaert和Harvey,2000)通过研究股票市场风险系数、融资成本、股票价格波动与股票收益率之间的相关性得出,股票市场开放不仅能有效降低融资成本还能促进两地资本市场资金流动。刘成彦、胡枫和王皓(2007)研究了股权分置改革对股票QFII羊群行为的影响,研究结果显示股权分置改革前,QFII并未表现出明显的羊群行为,但是在股权分置改革后,QFII的羊群行为却显著呈现。当对样本按照公司规模分类后进行检验时发现,股权分置改革后,公司规模较大组的股票QFII的羊群行为相对较弱,而公司规模较小组的股票QFII的羊群行为相对较强。王席(2011)对1990年至2007年10个东欧国家的内资银行进行研究时发现,金融市场的开放能够提高银行的经营效率,与此同时也会导致银行的系统性风险相应提高。陈泽慧(2011)研究了QFII制度对我国A股市场波动性的影响,实证结果显示QFII制度实施后,我国六大行业收益率与QFII的投资数量正相关,QFII制度确实加剧了我国股票市场的风险传播。

　　第二种观点认为,股票市场开放能够降低股票市场波动性。基姆和辛格(Kim和Singal,2000)认为股票市场开放能够增加国际资本的自由流动从而加剧经济波动,但他们利用新兴股票市场作为样本进行研究时却得到相反的结果,实证检验结果显示,股票市场开放对股票回报率的影响并不是线性的,而是当股票市场开放后,股票收益率先是提高然后到达一定高点后又有所回落。他们又进一步研究了股票市场开放对股票价格波动的影响,结果却并不显著,不仅如此,实证结果还显示股票市场开放对经济增长的作用十分有限。米顿(Mitton,2002)和查瑞提等(Charitou等,2005)对比了交叉上市公司在金融危机爆发前后其股票价格的变化。作为股票市场开放的一种形式,交叉上市行为对股票价格并没有产生明显作用,这主要是源于交叉上市股票在一定程度上能够保护母国资本市场免受其他股票市场的风险传染。乌穆持卢等

(Umutlu 等,2010)研究了金融市场自由化程度与新兴市场股票收益率波动的关系,实证检验结果显示,当新兴股票市场开放后,其市场内的股票收益率波动性显著降低,当对样本股票按照公司规模进行分组后的检验发现,公司小规模组的股票收益率波动性降低程度大于公司大规模组的股票收益率波动程度。熊衍飞等(2015)从外商直接投资和资产投资组合角度考察了发展中国家的资本市场开放对国家经济波动的影响,研究发现资本市场开放不仅降低了经济合作与发展组织(简称"经合组织")国家的经济波动,而且还提升了发展中国家的人均 GDP 增长率,他们在进一步研究中发现,资本市场开放之所以会降低经济波动是因为发展中国家的资本市场多为不成熟市场,并且这些市场多为政府主导市场。

第三种观点是股票市场开放对股市波动性无影响。影响股票市场波动的因素有很多,如本国股票市场中信息的不对称流通以及各种外来的突发事件等。陈静(2004)通过对发展中国家的 14 个新兴股票市场的股票收益率波动性进行研究时发现,在股票市场开放后,这些股票的收益率波动性并没有发生明显变化,这一结果表明股票市场开放与股市波动性无关。此后,袁萃(2008)研究了 9 个新兴股票市场的股票收益率波动性与股票市场开放程度的关系,研究结果显示,这些市场的股票收益率的波动性与市场开放无关。进一步,他又将股票市场按照开放程度进行划分,分为开放程度强、开放程度中、开放程度弱三组,然后分别考察股票市场开放与股市波动性的关系,研究结果与第一步的研究结果相同,即股市波动性与股票市场开放程度无关。袁萃在探究股市波动性的影响机理时发现,股市波动性可能与股票市场的自身发展以及证券市场监管部门的监管力度有关,而与股票市场开放程度无关。

(三)股票市场开放的治理效应

股票市场开放的治理效应主要表现在以下两个方面。

1. 股票市场开放能够提高公司治理水平

公司治理理论的兴起为研究股票市场开放提供了新的理论视角。但与此相关的公司治理理论和传统的公司治理理论还是有所区别的。以往的公司治理理论多从公司内部层面进行分析,如股权结构、董事会结构、独立董事制度等。但是随着拉波尔塔(Laporta)、洛佩兹·德西兰斯(Lopez-de-Silances)、施莱弗(Shleifer)和维西勒(Vishny)等学者建立起来的法与金融理论的出现,公司外部市场环境对公司治理的重要性正受到国际上许多学者的关注。现有的一些研究表明,公司外部的市场环境对公司治理至关重要。外部环境一般指资本市场环境和法律环境。良好的市场环境包括理性而成熟的投资者、市场的有效性等。而法律环境包括法律体系和执法效率(Laporta 等,1999),它的重要体现就是法律对投资者的保护情况。在一个良好的外部环境中,市场压力和法律约束有助于减少内部人(包括控股股东、管理层)对外部中小投资者的掠夺行为(Laporta 等,1999;Dyck 和 Zingales,2003;Claessens 等,1999),反过来,良好的投资者保护又会促进资本市场发展。研究表明,对外部投资者保护好的国家或地区,投资者更愿意向企业投资,其资本市场也更加繁荣,企业价值更高。相反,对外部投资者保护差的国家或地区,其资本市场的发展就会缓慢,企业价值也就更低(Laporta,Silanes,Shleifer 和 Vishny,1999)。

公司代理问题的本质是内部人和外部投资者的信息不对称,以及由此引发的代理成本。降低信息不对称的同时也会使代理成本得到降低,从而改善公司的治理结构。代理理论可以分为两类:一类是由詹森和迈克林(1976)开拓的实证代理理论或代理成本理论;另一类是威尔森(1969)、斯宾塞和泽可梅森(1969)、罗斯(1973)等人最早开拓的委托—代理理论,它基本上完全以正规的数学模型来表达,更加形式化和抽象,似乎更符合西方学者所追求的科学主义。

(1)代理成本理论

詹森和迈克林提出了代理成本的概念,并认为代理成本是企业所有权的决定因素。他们认为,代理成本来源于管理者不是企业的完全所有者这样一个事实。在部分所有的情况下:第一种情况,当管理者尽力工作时,他可能承担全部成本而仅获取一部分收益;另一种情况,当他消费额外收益时,他得到全部好处但只承担较小部分成本。因此其工作积极性不高,热衷于追求额外消费,故企业的价值小于他是完全所有者时的价值,这两者之间的差异就被称为代理成本。具体包括:①订约成本、监督和控制代理人的成本;②确保代理人作出最优决策或保持委托人由于遭受次优决策的后果而得补偿的保证成本;③不能完全控制代理人的行为而引起的剩余损失。让管理者成为完全的所有权益拥有者可以消除上述权益代理成本,但这会受到管理者自身财富大小的约束。虽然通过举债筹资可以解决这个问题,但在有限责任制度下,管理者可能把失败的损失推给债权人承担,因而又会产生相应的债权代理成本。詹森和麦克林的结论是最优的资本结构应该权衡这两种筹资方式的利弊,使代理成本最小。从詹森和麦克林的初衷看,尽管他们只是用资本结构作为减少代理成本的工具,但我们不难由此推论,由于代理人和委托人的利益不一致,双方的契约是不完全的,契约不可能无成本地拟定和执行,信息对于委托人和代理人是不对称的,必然产生代理成本问题。

(2)委托—代理理论

委托—代理理论又称"信息经济学",被认为是由于引入不完全信息而在20世纪70年代产生的微观经济学的基础研究革命。信息经济学可以分为两个重要的研究分支:一是在不完全信息条件下的经济分析,研究信息成本和最优信息搜寻问题;二是非对称信息条件下的经济分析。后者是现代信息经济学研究的核心内容,可以看成是非对称信息博弈论在经济学中的应用,但其许多理论都是从研究具体的制度安排中发展起来的。非对称信息经济学所要解决的问题,可以归结为"道德风险"和"逆向选择"。这两个概念是信息经济学的两个基石。针对这两类问题发展的隐藏行动的道德风险模型和信息甄别模型等,构成了信息经济学的主要内容。① 而所有这些模型又都是置于委托人—代理人框架中分析的。习惯上,委托—代理模型是对隐藏行动的道德风险模型的别称,常把信息经济学的模型简化为委托—代理模型和逆向选择模型两类。由于委托人—代理人的文献涉及一个人(委托人)如何设计一个补偿系统(契约)来驱动另一个人(代理人)为委托人的利益行动。所以,委托人—代理人理论,或信息经济学所研究的问题,实质就是激励问题,因而,有关"道德风险"和"逆向选择"问题的研究,在经济学中也就称为"激励理论"。委托—代理理论的基本观点可以概括为:①在任何满足代理人参与约束及激励相容约束条件下而使委托人的预期效用最大化的激励机制和契约中,代理人必须承担部分风险;②如果代理人是一个风险中性者,可通过使代理人承担完全风险的方法达到最优激励结果。② 这两点对应到经营者激励机制上的通俗含义就是:①经营者的报酬中必须含有风险收入,否则所有者的利益不可能达到最大;②当经营者的报酬全部是风险收入时,即完全享有剩余索取权时(此时经营者所有者合二为一),激励机制最优,所有者的利益能保证达到最大。

上述思想可以简化地概括为模型:

假设一个代理人控制一个委托人所有的企业,企业利润为 Q 依赖代理人的努力水平 e。信息不对称意味着委托人不能直接观察到代理人的真实努力水平,而只能根据代理人努力水平与产出之间的关系推断。代理人付出努力是有成本的,记为 C,

设:$C = \dfrac{k}{2} e^2$,k 是边际努力成本递增率,即 $C' = ke$。

委托人提供给代理人一份工资 W。假定这份工资符合线性激励合同特征,即 $W = r + \alpha Q$,其中 r 代表固定工资;α 代表利润分成比例,显然 $0 \leq \alpha \leq 1$。

---

① 张维迎:《詹姆士·莫里斯与信息经济学》,《改革》1997 年第 1 期。
② 张维迎:《企业的企业家——契约理论》,上海人民出版社 2015 年版,第 31 页。

那么代理人的效用水平为：

$$U_A = W - C(e) = W - \frac{k}{2}e^2 = r + \alpha Q - \frac{k}{2}e^2 \tag{1-1}$$

代理人的决策问题就可表达为：

$$max\ U_A = r + \alpha Q - \frac{k}{2}e^2 \tag{1-2}$$

$$s.t.\ Q = e \tag{1-3}$$

解得一阶最优条件为：$e = \alpha/k$ (1-4)

从方程(1-4)可以看出，如果委托人提供某个利润分成比例，就可以诱使代理人提供相应的努力水平，从而实现自身的努力最大化。因此方程(1-4)对双方来说构成激励兼容条件。

由于存在契约自由，代理人可自主决定是否接受委托人的激励合同。设代理人的保底效用水平为 $\bar{U}$，那么只要 $U_A \geqslant \bar{U}$，代理人就接受这份工资合同，此即参与约束条件

$$U_A = r + \alpha Q - \frac{k}{2}e^2 \geqslant \bar{U} \tag{1-5}$$

委托人在决策时必须同时考虑与代理人有关的激励兼容约束和参与约束条件，即

$$max\ U_p = Q - W = (1 - \alpha)e - r \tag{1-6}$$

$$s.t.\ e = \alpha/k \tag{1-7}$$

$$r + \alpha Q - \frac{k}{2}e^2 \geqslant \bar{U} \tag{1-8}$$

$$Q = e \tag{1-9}$$

进一步假定 $\bar{U} \geqslant 0$，即对代理人来说，只要接受委托人提供的工资合同就可以带来正效用，就是可行的。则参与约束变为：

$$r = \frac{k}{2}e^2 - \alpha Q \tag{1-10}$$

解得,符合委托人利益最大化的一阶条件为: $\alpha^* = 1$

代入各式得:

最优基本工资水平: $r^* = 2\bar{k}$

代理人最优努力水平: $e^* = \bar{k}$

企业最佳产出: $Q^* = \bar{k}$

最优工资水平: $W^* = 2\bar{k}$

委托人最大效用: $U^*P = 2\bar{k}$

上述结论表明,当存在信息不对称时,最有效的办法是让代理人拥有全部剩余,即收入全部为风险收入,称为企业的所有者,而委托人拿固定的收入。委托代理合同则表示为:

$$W(Q^*) = \begin{cases} \bar{U}_A + C(e^*) , \text{当} e = e^* \\ -\infty , \text{其他} \end{cases} \qquad (1-11)$$

上述模型可表述为:①信息不对称会诱使拥有私人信息的一方采取机会主义行为;②在达成契约以前,双方总能通过谈判找到一系列最佳契约条款,以同时满足各当事人效用最大化的目标。即通过恰当的契约设计可以消除机会主义行为。

斯图尔兹(Stulz,1995)认为股票市场开放能够提高公司治理水平,而进一步研究表明,增加资金流入、降低融资成本和代理成本、提高投资者技术水平等是股票市场开放能够提高公司治理水平的关键原因。裴等(Bae等,2006)从盈余管理角度考察股票市场开放对公司治理的影响,他们利用分析师跟踪人数和分析量作为盈余信息变化的代理变量,对韩国股票市场进行实证检验时发现,当股票市场开放后公司治理水平有所提升,而背后的原因在于由于分析师跟踪人数的增加,提高了对股票市场信息的解读,从而提高公司的盈余信息管理。

而国内关于股票市场开放治理效应的研究主要是以 QFII 制度、QDII 制度的实施为背景进行的。李纪明和方芳(2005)从上市公司股权结构角度考察了 QFII 持股对公司治理的影响,研究结果显示 QFII 制度实施后,其公司价值有所提升。邓道才(2006)通过对 QDII 制度的实施效果进行检验时发现,该制度通过促进公司资产组合的国际化来减少公司股票价格的波动,增加公司的交易频率,从而提高企业价值。周泽将和余中华(2007)通过检验 QFII 持股给公司的管理层持股比例、大股东持股比例、公司规模带来的变化发现,QFII 制度的实施能够显著提升这些指标,从而改善公司治理水平。丁楠和李文涛(2015)研究了 QFII 持股对公司绩效的影响,他们认为 QFII 持股有助于上市公司绩效的显著提升,并且 QFII 持股比例越接近于第一大股东持股比例,越有助于公司绩效的提升。但是,罗劲博(2016)的研究结果却得到了相反的结果,即 QFII 持股显著降低了公司的正向盈余管理,从而不能改善公司治理。

2.股票市场开放能够提高企业价值

股票市场开放的积极效应得到了大多数学者的广泛认同。亨利(Henry,2003)对来自于新兴市场的 12 个国家和地区的研究表明,在股票市场对外宣布开放后,其股票价格指数将取得 3.3%左右的超额收益,而背后的原因在于股票市场开放不仅能够降低资本融资成本还能分散其股票风险;多伊奇等(Doidge 等,2001)对来自 40 个国家的 11757 家公司的交叉上市行为进行研究,实证结果显示,在美国交叉上市的非美国公司的托宾 Q 值要比该国非国际交叉上市公司高 16.5%,这说明股票的对外交叉上市行为,不仅能在开放股票市场方面起到促进作用还能有效提升公司的市场价值。高希等(Ghosh 等,2000)通过对印度政府宣布外资持有银行股消息的研究发现,在该消息发布后的三天内,其获得的累计异常收益率为 16%,而私有银行获得的收益更多,其累计异常收益率竟超过 32%,进一步的研究表明,之所以会引发如此高的异常收益率,是因为开放市场能够通过增加并购压力降低公司的代理成本。

托尔曼和托尔斯蒂拉(Tolmuen 和 Torstila,2005)检验了股票市场对外开放对企业行为(并购的可能性、股利支付的可能性)的影响,实证结果显示,股票市场开放后,上市公司的并购行为表现得更为活跃,而且在并购活动中更可能使用股权支付方式(即换股并购)进行大规模交易。

第二节 中国股票市场开放历程

"开放带来进步,封闭必然落后。""中国坚持对外开放的基本国策,坚持打开国门搞建设。""要同舟共济,促进贸易和投资自由化便利化,推动经济全球化朝着更加开放、包容、普惠、平衡、共赢的方向发展。""开放",是党的十九大报告中的高频词。近年,我国股票市场的大门开始逐渐打开,这使得原本封闭的股票市场开始与世界接轨,逐渐参与到世界股票市场的舞台。股票市场大门的打开,必将重塑我国股票市场的投资者结构、投融资效率、信息传导效率以及股票市场定价效率等。那么我国股票市场开放的历程以及其产生的影响究竟如何,值得关注。

中国市场化改革进程是渐进式的,这种方式不同于其他发达国家的市场化进程,我国市场更多的是融合成功市场的交易制度和我国当时经济体量规模及发展的迅速程度,并且通过摸索试探的制度改革历程一步一步地修正着改革的具体措施。中国股票市场开放已经历了以下这些主要关键点:1992 年 B 股市场融资发行,2006 年合格境外投资者(QFII)的引入、新增合格境内投资者(QDII),2013 年增加人民币合格境外投资者(RQFII)、陆港通和沪伦通。总体而言,这六个关键的资本市场依次开放,勾勒出中国股票市场开放的历史进程。从市场开放的资金流向来看,可以将以上六个关键节点分为三个主要阶段:发行 B 股阶段、单向开放阶段(QFII、QDII 和 RQFII)和双向开放阶段(陆港通、沪伦通)。

一、 第一阶段：发行 B 股

B 股发行是合格境外投资者第一次对国内大规模市场投资,市场开放的初衷是为有国际化市场需求的上市公司筹集外汇资金,并且成为中国资本市场对外开放的试点方式。从中国股票市场成立后的第三年即 1992 年,第一只 B 股上海真空电子器件股份有限公司在上海证券交易所上市。紧接着共有 18 只 B 股在当年上市,约占同时期主要发行市场 A、B 股数量的 25%。随后的 6 年时间里,累计有 101 家公司在 B 股上市融资。在当时,尽管有些企业同时发行 A 股和 B 股,但 A 股市场与 B 股市场针对不同的国内外投资者,形成完全分割的融资交易市场。具体来看就是境内投资者只能投资 A 股,而 B 股只对境外投资者开放。当时市场制度制定的主要原因是既要保证股票市场对外形成一定程度的融资开放,必须保护外资的资本流动对当时不完备的 A 股市场产生的不利影响。然而,B 股市场上股票流动的范围注定了其只能是股票市场制度完备进程中的过渡方式,其引进投资方式的局限性影响了市场化下成长的上市公司融资需求,上市公司有赴香港发行 H 股融资的强烈意愿。我国又建立了合格境外投资者(QFII)制度,B 股市场的功能逐渐被 H 股和 QFII 代替,后续许多公司上市时放弃了 B 股融资方式。2000 年之后不仅没有新增 B 股发行,还有部分 B 股通过转成 H 股(如万科)等方法退市。截至 2020 年 12 月 31 日,仅留存 93 只 B 股,占我国股票发行数量的 2.2%,并且资金体量更为微小。尽管 B 股正在逐渐走向其历史使命的末尾阶段,但在没有合格境外投资者(QFII)制度的时期,B 股是境外投资者进入中国股票市场的重要途径,在当时具有里程碑式的历史意义。

二、 第二阶段：中国资本市场单向开放

上市公司主要集中在 A 股市场,B 股市场上融资需求及投资量无法满足大部分上市公司,其吸引合格境外投资者的目的受到了客观制度上局限而大

打折扣,而 A 股市场体量大、流通性好的特点更为吸引境外投资者。为满足上市企业和境外投资者双方的联合需求,中国证监会于 2002 年 12 月实行《合格境外机构投资者境内证券投资管理暂行办法》。此办法的试行为并不开放的换汇市场打开兑换渠道,为中国企业融资进行部分资本项目下的兑换。2011 年 12 月,RQFII 的试行进一步扩宽了境外投资者对中国上市公司进行投资的渠道,《合格境外机构投资者境内证券投资试点办法》的主要目的就是在推行人民币国际化的金融背景下使中国上市公司能够引入更多的流动资本。截至 2020 年 12 月 31 日,QFII/RQFII 持有 A 股总市值超 2000 亿美元,占 A 股流通市值的 0.31%。2013 年 11 月推出的 QDII 制度,允许资本适当地"走出去",融入国际金融市场,使得境内投资者的投资标的更为多样化。QDII 与 QFII 具有相当的兑换汇的资本投资额度,到 2018 年年末约为 1000 亿美元。随之而来的是对 QFII 和 RQFII 的更进一步放宽管制,允许 QFII 每月资金汇出超过上年年末境内总资产 20% 的限制和本金锁定期要求,增加境外资本在中国市场和国外市场之间的流动性,加大了 A 股市场对外资的吸引力度。

三、 第三阶段:资本市场双向开放

随着全球经济一体化进程的加剧,资本项下汇率兑换的额度控制是QFII、RQFII 和 QDII 制度框下的又一发展瓶颈。对境内外投资者或投资市场的放宽解决了投资来源和目的的范围问题,但并没有真正形成市场中投资者和被投资者一体化。沪港通制度于 2014 年 1 月正式开通,是内地市场与香港市场有机融合的开端,真正能够使得 A 股市场的投资者和香港市场的投资者增加投资标的,扩大了投资范围和资金来源,是中国股票市场双向开放的具体实施体现。为了进一步扩大资本市场互联互通机制,我国股票市场又相继实施了深港通制度和沪伦通制度,即深圳证券交易所与香港证券交易所、上海证券交易所和伦敦证券交易所的资本贯通。互联互通证券市场的标的不断扩大和北上南下资金的不断增多都说明了资本市场双向开放的作用在不断显现。

第三节　中国股票市场的制度环境

因为股票市场的内部改革对市场有效性发展至关重要,那么就有必要先对中国股票市场的制度环境建设进行必要的分析,以理清当下中国股票市场具备了怎样的开放基础。本部分将详细阐明中国股票市场作为一个新兴市场,其市场内部还存在着脆弱性,并在此基础上提出中国股票市场对外开放应该遵循一个渐进式的开放次序。

一、 股票发行制度

自1993年我国证券市场建立股票发行审核制度到2020年新《证券法》修订,IPO发行审核制度经历了从审批制到核准制再到注册制的发展历程。在审批制和核准制下,证券监管部门对股票发行"管价格、调节奏、控规模",行政权力制约了市场自身机制的运行。新《证券法》第九条取消核准制,明确规定公开发行证券由国务院证券监督管理机构或者国务院授权的部门注册,通过顶层制度设计,全面确立了证券发行注册制。

在基础制度层面,《首次公开发行股票并上市管理办法》《首次公开发行股票并在创业板上市管理办法》尚未修订,目前主板、中小板、创业板等板块、证券品种的公开发行仍实行核准制。考虑到现有A股板块全面推行注册制有一定的过渡期,为平稳实施注册制,新《证券法》授权国务院对证券发行注册制的具体范围、实施步骤进行规定。根据上述法律授权,在注册制全面推开之前,部分板块、证券品种的公开发行,还将会依国务院安排,继续按照修改前的证券法规定实行核准制。

二、 上市公司二级市场交易制度

中国A股市场的交易制度研究主要集中于交易限制因素与发达股票市

场交易制度的区别。由于市场效率的强弱之分是评价市场发展程度的基本共识（Fama,1970），所以这一假设是国内学者从交易制度的角度解释我国股票市场上出现的不利于投资者或影响资产配置效率现象的前提。这也同样认可中国证券市场中交易规则或制度是以发达市场交易规则演变过程后形成具有锚定效应的追随和参照，而并不是从市场形成的过程和市场交易的各方参与者以相互平等博弈而演变的一种制度，参照现有成熟市场制度而演变的优点是能够加速演化进程，从而更为快速地提高市场的有效性，而其也带来交易各方对于市场的理解与制度演变不具有完全的耦合性，出现短期市场有效性螺旋上升趋势。目前来看，交易制度改变又是促进市场优化的最有效途径之一，着重厘清二级市场重要交易制度是改变市场运行速率的必要前提。

股票交易制度改革范围沿着从试点到存量再到全面推广的演变过程，现有交易制度与发达市场交易制度的差别是从制度角度分析市场效率差异的主要依据，现有交易制度议论焦点主要集中于股价涨跌限制、回转交易、停复牌要求，盘前与盘后成交方式等。其中最为关注的两项制度是股票市场的涨跌停制度和"T+1"回转时限交易制度。本书就现存的两种制度现状作一简要分析。

（一）涨跌停板制度

证券市场微观交易制度的目标可以归结为流动性、有效性、稳定性和透明性。针对各国证券市场，尤其是新兴市场格外关注的稳定性目标，各国当局在微观制度的设计上制定了各种有助于稳定股票价格波动的措施，其中使用最多，同时也是直接对价格进行限制的两种是涨跌幅限制（daily price limit）和交易暂停（trading halt）。

现有 A 股市场的涨跌停制度主要有三种限制方式：一是对于主板来说，当涨跌幅达到 10% 时触发交易停牌的机制，这是现行的主要控制大部分上市公司股价大幅波动的限制方式；二是对于特别处理的股票即以 ST 为主的标记股票实行触及 5% 的涨跌幅就被限制交易，进而对于有投资风险的企业做进

一步股价波动控制制度;三是对于新兴板块市场(科创板、创业板)实行 20%
涨跌限制,在新兴市场上相对于我国主板国有控股企业的大体量小波动而出
现的相对放宽限制,为新兴行业和初创企业提供更为高效价格发现价值的市
场环境。三种方式以限制交易价格为措施约束交易行为,不同的交易限制针
对不同的板块市场,但限制的目标并不尽相同,作为一种价格监控机制(或价
格稳定措施),涨跌幅限制被部分新兴市场采用。在制度中设置交易中断机
制的初衷是为了对证券价格波动加以限制,控制异常波动的发生和影响,减少
产生暴涨暴跌以控制市场盲目跟风和恐慌情绪的产生。但从已有的外国证券
市场的停牌措施对股市的影响来看,其是否起到设置初衷的作用仍有不同的
验证结果,由于停牌限制是否执行没有过渡措施,所以在研究中主要分为赞成
和反对两种观点。

　　持赞成观点的学者认为限制交易价格能够起到减少波动交易稳定市场价
格的作用。(1)从制度制定成本角度出发,发生价格大幅波动时,限制交易能
够将波动维持在一定幅度内以减小价格的不确定性。(2)国际证券市场中存
在以信用为担保的交易方式,限制交易价格有助于保证市场交易的实施,避免
由于信用担保造成的已完成的交易无法真实交割。(3)价格波动幅度限制能
为交易者提供消息消化冷却期,更有助于完善投资者理性投资的目标。

　　反对价格限制的学者认为这种限制措施是低效或无效的。主要可以概括
为以下几点:(1)阻碍了市场交易,降低市场流动性,无法快速形成有效交易
价格。(2)限制价格只能限制交易发生的时间,限制价格变化趋势,但不能改
变趋势变化。在信息披露不完善的现有情况下,交易者会有更为强烈的恐慌
情绪,有可能进一步加剧市场波动情况。(3)交易触发涨跌限制价格时,会有
信号释放效应发生,是价格变化走势的有力支撑,误导部分交易者的交易行
为。(4)从监管职能角度出发,连续触发涨跌停限制可能会引起监管者的重
点关注和问询,这种关注不失为一种对市场交易的干预手段,产生干预市场行
为发生,给原本市场自发性的交易行为带来干扰性影响。

　　20 世纪 80 年代,经济学界开始用理论研究方法探讨价格限制的作用。在以往研究中,价格限制的作用一直颇受争议,正面作用并未被充分证实。马等(Ma 等,1989)发现当交易价格到达涨跌停限制时会发生价格反转现象且有助于平滑价格波动。格林沃尔德和斯坦(Greenwald 和 Stein,1991)发现在一个含有市场价格和限价措施的交易市场中,市场波动平稳的情况下信息效率损失不足,反而在市场波动剧烈的时候,用限制交易的行为来获取更多信息的交易指令。国内证实的相关研究更为稀少,吴林祥等(2003)发现涨跌停限制虽然不能消除价格的过度反应,但可以减小过度反应的程度。

　　反观价格限制的负面作用是学界主要讨论的内容,价格限制效应主要集中于流动性干扰、延迟价格发现、波动溢出及磁吸效应等。流动性干扰即指由于价格达到了限制交易点而不在区间内的价格则不得成交,这种限制阻碍均衡价格出现而影响证券归属权利的流动性。延迟价格发现即买卖双方均有不在价格限制区间成交意愿时而出现的无法在当天正常交割的现象。波动溢出指价格达到限制交易价格时出现大幅波动现象,但波动冲量无法在当天释放而在波动时间上向后推移。磁吸效应指买卖价格接近涨跌限制价格时出现小交易量而快速到达限制价格。国外对于价格限制的负面效应研究较早,李等(Lee 等,1994)检验了暂停交易增加价格波动性与交易量,从而对市场交易进行了干扰。金等(King 等,1991)对暂停交易的样本进行了检验,发现此类交易中出现了价格发现推迟的现象。部分学者通过采用不同时间段样本,已证实 A 股市场的涨跌幅限制存在上述几种阻碍市场效率的不良反应(胡朝霞,2004;孙培源和范利民,2004;屈文洲,2007)。

（二）回转交易制度

　　回转交易指在证券市场中针对同一金融标的进行第 N 次交易后,再进行 N+1 次相反交易的市场行为。通常就是在买入或卖出后又进行卖出或买入的操作行为成为回转交易。这种交易是市场的自发交易行为,能够使市场具有流动性和发现价格等市场基本作用。在交易中由于出现了不平等套利现象,加剧市场价格波动,在中国股市中实行哪种回转交易制度即"T+0"或"T+1"是现有市场参与者和学者普遍争论和探索的焦点。

A股市场现有的回转交易制度以"T+1"为主,而可转债和股指期货两类金融产品交易实行的是"T+0"交易制度。现有的交易制度是经过多次变换而形成的。1992年5月21日,上海证券交易所放开股价限制同时实行"T+0"交易。1993年11月深证证券交易所开始实行"T+0"交易制度。时隔不到两年,市场机制不完善的A股市场就不能继续实行"T+0"交易制度,1995年1月1日,沪深两市均更改成"T+1"交易制度。2001年12月,沪深B股也将交易制度改为"T+1",放开数量不多的可转债交易,实行"T+0"制度,为股票市场适当增加流动性。2005年,权证交易实行"T+0"交易制度。2008年10月7日,主管金融机构的行政部分再一次强调"T+1"交易制度重要性。2010年4月,股指期货交易开始实行"T+0"交易制度。经过上述市场交易制度变迁,形成现有交易制度方式。不断摸索和适应市场发展的制度变化是我国证券市场改革进步的主要变迁方式。

关于回转交易制度的研究主要集中于国内A股市场,中国股市特有的"T+1"交易制度设立是为了减少频繁买卖操作,降低股市波动,使投资者趋于理性投资,削弱市场中的短期套利行为。但经过已有验证检验,学者们发现通过降低交易量而控制市场波动的行为没有充分体现出其利大于弊的监管行为,反而降低了市场流动性。陈雯、屈文洲(2004)通过验证1995年1月1日至2001年12月1日深圳股票市场数据发现,即在实行"T+1"清算制度前后深圳股票市场的波动性没有发生明显的改变。盖卉、张磊(2006)认为"T+1"交易制度并不能更好地保护下跌行情中从事股票交易的投资者利益。熊伟(2017)发现市场中流行的"T+0"账户操作,其多为逆向股市波动操作,反而能够部分平滑股市波动。现有"T+1"交易制度不能充分发挥股票交易的市场效率,需要为A股实现"T+0"交易制度的实行进行相应的配套改革,铺平市场当日回转交易道路。

三、 信息披露制度

信息披露的必要性源于信息能够传递出影响企业价值的信号,从而信息披露的重要性早已是学界共识,并不是现有研究讨论的重点,对于信息传递出何种信号和如何通过公布的信息解读出有效信息才是规范市场参与者市场行为的必经之路。

本书首先指出我国股票市场证券信息披露制度存在的问题,然后具体分析内地股票市场与香港股票市场的信息披露,寻找何种信息披露规则能够提升市场运行效率。

(一)存在的问题

真实、完整、准确、公平的信息披露是股票市场健康运行的基础。股票市场本质上是一种信息市场,其资源配置效率过程是由股票价格信号来引导的,因此,股票市场的资源配置效率和使用效率依赖于市场的定价效率或股票价格的信息含量,依赖于股票发行人的信息披露质量。在我国,无论是上市公司的强制性信息披露,还是市场解读的信息(如各类投资价值分析报告、股市评论等),监管部门虽然加强了监管,但仍存在不少问题。

首先,虽然我国上市公司的强制性信息披露有非常完整的格式和条框,但是虚假信息披露事件还是时有发生。强制性信息披露并不意味着无边界的信息披露,也不是选择性信息披露,它有明确的界定。法律规定的强制性信息披露一般都是指重大调整、并购重组、财务状况的重大变化等 12 项信息,均属重大信息,必须披露。在实践中,既要防止选择性信息披露,又要防止通过披露大量垃圾信息而掩盖重大信息。

其次,除上市公司披露的信息外,市场解读的信息也会对市场交易带来重大影响。在我国,市场如何更专业地解读信息,以正确引导投资者,成了大家普遍关心的问题。从我国金融体系的几个组成部分来看,证券公司的研究水平相对较高,专业能力较强,专业人才的集中度也是相对较高的,但对投资者所作的市场信息解读的可信度却并不高。

(二)完善信息披露制度

在信息披露监管制度与法律规制的制定及执行主体方面,我国证券市场已建设了比较完整的信息披露制度,并且在市场化改进中不断进行完善,填补以往制度不足。信息披露制度法规体系是由证监会和沪深证券交易所共同负责,H股信息披露由香港证监会及香港联交所进行监管负责。两地证券交易机构为市场平稳发展提供了必要的制度支持,但两地拥有不尽相同的证券监管制度与法规。

从公司信息披露制度上来看,香港地区股票信息披露制度主要依据《证券及期货条例》和《公司条例》两部法律,相关的其他规范则主要依据《上市规则》。从法律法规的制定主体来看,《证券及期货条例》和《公司条例》是由香港证券交易所制定并监督实施,而《上市规则》是由香港联交所制定不具有法律效力的规则。

相比于香港的明确法律条例和规定,内地市场影响公司信息披露的制度则更为烦杂,主要是以《证券法》为主要依据。可以将影响信息披露的规定分为四大层次:第一层次是全国人民代表大会审议通过的法律,包括《证券法》和《公司法》两部法律条例,其主要是要求信息披露做到真实、准确、完整,并明确信息披露的制度性及相关责任。第二层次是国家行政权力机构公布的行政法规,例如《股票发行与交易管理暂行条例》,该条例是既具有原则指导性又含有具体要求的条例规定,如在该条例的第五十八条中规定公司的中期报告需要披露公司的财务报告、经营情况和重大事项等。该条例的第六十条规定上市公司有充分理由认为向社会公布该重大事件会损害上市公司的利益,经证券交易场所同意,可以不予公布。第三层次是由中国证监会制定的《公开发行股票公司信息披露实施细则》,该细则对信息披露的内容和格式做了详细的规定,例如第二十四条规定公司应当指定专人负责信息披露事务,包括与证监会、证券交易场所、有关证券经营机构、新闻机构等的联系,并回答社会公众提出的问题。第四层次是我国证券交易所制定的市场自律性规定,例如《上海证券交易所股票上市规则》中,第六章定期报告内规定了公司在一定期限内向社会公布其季度报告、半年度报告及年度报告。

由上述公司在股票市场中信息披露的依据和披露规定的比较中可以看出,两地上市公司的信息披露的主要依据有所不同,香港证券市场上市的公司主要依据两部法律及一部条例。反观 A 股市场的上市公司信息披露的要求和依据相对庞杂并且要求和规定具有重叠的部分,为法律的保护和制度的执行提升了许多难度。

在陆港两地上市公司信息披露法律责任方面,由于法律责任是信息披露的重要制度支撑,两地市场主导和监管机构都在不同法律制度层级上规定了上市公司、中介机构、监督机构及各个主体所含工作人员违反信息披露规定应承担的责任和受到的处罚。针对信息披露的真实、完整及准确的基本要求,依据违反人员的具体违规行为,两地市场均设置了民事责任、行政责任及刑事责任三级处罚规定。但两地根据违规行为的处罚力度有所不同,H 股在处罚信息披露问题的主体连带责任认定上与 A 股一致,而且对于公司的违规行为会作出公开谴责并通报与其他地区证券市场。此外,香港在 2007 年成立市场失当行为审裁处,专门处理由证监会提交的证券违法案件调查结果,这样不仅能更加专业全面地改进市场中主体责任人违规信息披露行为,而且能更为广泛地净化具有互联互通性质的证券市场。

在香港地区,对于信息违规披露的处罚十分严苛。在民事责任认定上,相关责任人必须承担损失,而且赋予私人诉讼索赔权,而 A 股市场并没有健全的投资者集团诉讼制度和股东代表诉讼制度。如果涉及刑事责任,董事可以判处 10 年监禁及 1000 万港元罚款,其他个人也可判处 2 年监禁及 100 万港元罚款,反观内地市场对于此类现象的刑事责任处罚相对较轻,即3年以下有期徒刑或拘役,并处或单处2万元以上20万元以下罚金。

在信息披露内容方面,由于上市公司信息传递出引导价格变化的介质,市场监管方都为维护本地市场稳定设置了相应信息披露要求,由于上市公司所处环境和法规不同,其信息内容也不尽相同。

招股说明书中,由于A股上市公司信息披露需要按要求披露15项内容,内容以制式形式被披露出来。而H股公司在信息披露内容上则较为灵活,招股说明书的前半部分是容易理解的公司基本信息,而相对晦涩不易理解的专业内容置于附录中,提升可读性以适应不同专业背景的投资者。

在应当披露交易的内容比较中,A股不仅采用类似H股的交易金额比例指标,而且还规定了交易标的所涉及的交易中营业收入绝对金额、净利润超过固定限额应当予以披露。反观H股采用比率指标,并且在批准交易方面可以采用与A股相同的股东大会批准方式,还可以采用书面批准方式。

有关关联交易的信息披露在两地市场也存在不同之处。在认定关联交易人士范围上有所区别,A股认定董事会秘书为关联人士,H股却相反,这可能是由于两地的董事会秘书职责和功能不同。同样地,在对于祖父母关系的认定上,H股则认定为关联人士,而A股却没有这样的认定。关联交易金额是否达到披露标准在A股市场有单独设立的要求,上市公司与关联法人交易金额大于300万元且占上市公司净资产0.5%时应当披露;达到3000万元时需股东大会审议通过;与关联自然人交易金额达到30万元时,同样需要披露,防止上市公司在关联交易中完成利益输送。从两地不同披露要求中可以看出,A股侧重形式披露,而H股更为统一的依据上市规则中应披露交易进行披露监管。

由此可见,无论是上市公司的信息披露,还是市场信息解读,回归本源、客观公正、真实完整才是我国股票市场应该发展的方向。

四、 股票退市机制

股票市场的核心功能之一便是提高资源配置效率,而退市制度则是股票市场发挥这一功能的重要保障。如果不能为股东创造新价值的上市公司难以退市,这些"僵尸公司"必然或多或少占用、沉淀有限的市场资金,导致急需资金获得发展的上市公司获得资金的机会减少,降低市场资源的配置效率。我国股票市场长期低速发展,主要原因在于供求关系失衡。而一个"只进不出"的市场,只能使供求失衡更为严重。

近年来,我国股票市场主要表现为体量臃肿、结构僵滞、演化乏力、功能失效,这主要使由于上市公司数量急剧膨胀,但退市机制执行力度不足,并没实现优胜劣汰的股市退出机制。从 2001 年 4 月 23 日 PT 水仙退市至今,虽然我国股票市场的退市机制已经运行了十余年,但是上市公司的退市数量较少,沪深两市的退市率一直处于较低水平。截至 2020 年 12 月 31 日,我国股票市场的退市公司数量总共为 139 家,其中上海股票市场的退市数目仅为 62 家,深圳股票市场的退市数目仅为 77 家。如表 1.1 所示,我国股票市场从 2001 年至 2020 年的退市率从未超过 1%,最高的退市率出现在 2006 年,为 0.91%,最低的退市率出现在 2016 年,为 0.07%。

表 1.1 沪深两市的退市公司数目与退市率

年份	退市公司数量(家)			年末上市公司总数(家)	退市率(%)
	沪市	深市	合计		
2001	2	3	5	1154	0.43
2002	1	7	8	1223	0.65
2003	2	2	4	1285	0.31
2004	4	7	11	1373	0.80
2005	6	5	11	1377	0.80
2006	6	7	13	1421	0.91

年份	退市公司数量（家）			年末上市公司总数（家）	退市率（%）
	沪市	深市	合计		
2007	7	3	10	1530	0.65
2008	2	0	2	1604	0.12
2009	3	3	6	1700	0.35
2010	4	0	4	2063	0.19
2011	2	1	3	2342	0.13
2012	3	1	4	2494	0.16
2013	2	5	7	2489	0.28
2014	1	2	3	2613	0.11
2015	4	6	10	2827	0.35
2016	2	0	2	3052	0.07
2017	1	4	5	3485	0.14
2018	2	2	4	3584	0.11
2019	3	5	8	3777	0.21
2020	6	13	19	4153	0.46
总计	62	77	139	——	——

资料来源：根据东方 Choice 资讯数据整理编制。

通过对比 2014—2020 年全球主要证券交易市场的新上市公司数量、退市公司数量以及退市率，如表 1.2 所示，美国纳斯达克证券交易市场（Nasdaq-US）在 2014 年的退市公司数量为 182 家，大于新上市的 176 家公司；2016 年的退市公司数量为 244 家，远远大于新上市的 71 家公司；在 2020 年的退市公司数量为 391 家，大于新上市的 184 家公司。美国泛欧证券交易市场在 2016 年的退市公司数量大于新上市公司数量，并且澳大利亚证券市场在 2016 年、2018 年、2019 年和 2020 年的退市公司数量也大于新上市公司数量。而 2014 年的美国纽约泛欧证券交易市场、日本东京证券交易市场、澳大利亚证券交易市场、韩国证券交易市场以及 2015 年的美国纳斯达克证券交易市场、日本东

京证券交易市场、澳大利亚证券交易市场、韩国证券交易市场和 2016 年的
日本东京证券交易市场、韩国证券交易市场、中国香港证券交易市场的退市
公司数量也仅仅是略低于新上市公司数量,唯有上海证券交易市场和深圳
证券交易市场,退市公司数量非常小,只是新上市公司数量的零头。从各个
证券交易市场的退市率方面来看,美国纳斯达克证券交易市场的退市率处
于较高水平,2014—2020 年间,平均退市率处于 7% 左右,澳大利亚证券交
易市场的退市率处于 3.26%—6.39% 之间,其他证券交易市场的平均退市
率也在 1% 以上。

综合以上统计数据可以看出,无论是退市数量还是退市率,我国均处于较
低水平,而退市公司数量少并不意味着我国的上市公司质量较高,许多上市公
司在面临着退出市场的较大压力时,却没有打实提高业绩,而是运用一些违规
手段或通过管理行为来避免退市的压力,导致在股票市场中出现许多劣质上
市公司,使得我国股票市场的发展存在了极大的隐患。

表 1.2　全球主要证券市场的新上市和退市公司数量统计表

股票市场	2014 年			
	新上市	退市	年末上市公司总数	退市率(%)
中国上海证券交易市场	366	1	995	0.10
中国深圳证券交易市场	82	2	1618	0.12
中国香港证券交易市场	122	13	1752	0.74
美国纽约泛欧证券交易市场	179	99	2466	4.01
美国纳斯达克证券交易市场	176	182	2782	6.54
日本东京证券交易市场	92	42	3470	1.21
澳大利亚证券交易市场	86	76	2073	3.67
韩国证券交易市场	110	39	1864	2.09
股票市场	2015 年			
	新上市	退市	年末上市公司总数	退市率(%)
中国上海证券交易市场	430	3	1081	0.28
中国深圳证券交易市场	133	5	1746	0.29

股票市场	2015 年			
	新上市	退市	年末上市公司总数	退市率（%）
中国香港证券交易市场	138	24	1866	1.29
美国纽约泛欧证券交易市场	111	148	2424	6.11
美国纳斯达克证券交易市场	565	197	2859	6.89
日本东京证券交易市场	110	67	3515	1.91
澳大利亚证券交易市场	109	75	2108	3.56
韩国证券交易市场	159	52	1961	2.65
股票市场	2016 年			
	新上市	退市	年末上市公司总数	退市率（%）
中国上海证券交易市场	451	4	1182	0.34
中国深圳证券交易市场	124	0	1870	0.00
中国香港证券交易市场	126	19	1973	0.96
美国纽约泛欧证券交易市场	76	181	2307	7.85
美国纳斯达克证券交易市场	71	244	2897	8.42
日本东京证券交易市场	96	68	3541	1.92
澳大利亚证券交易市场	111	129	2095	6.16
韩国证券交易市场	83	29	2059	1.41
股票市场	2017 年			
	新上市	退市	年末上市公司总数	退市率（%）
中国上海证券交易市场	215	1	1396	0.05
中国深圳证券交易市场	223	4	2089	0.19
中国香港证券交易市场	174	29	2118	1.37
美国纽约泛欧证券交易市场	131	152	2286	6.65
美国纳斯达克证券交易市场	89	37	2949	1.25
日本东京证券交易市场	104	41	3604	1.14
澳大利亚证券交易市场	122	70	2147	3.26
韩国证券交易市场	96	46	2109	2.18

股票市场	2018 年			
	新上市	退市	年末上市公司总数	退市率（%）
中国上海证券交易市场	57	3	1450	0.21
中国深圳证券交易市场	46	1	2089	0.05
中国香港证券交易市场	218	21	2315	0.91
美国纽约泛欧证券交易市场	104	143	2247	6.36
美国纳斯达克证券交易市场	150	41	3058	1.34
日本东京证券交易市场	115	62	3657	1.70
澳大利亚证券交易市场	106	107	2146	5.00
韩国证券交易市场	100	38	2171	1.75
股票市场	2019 年			
	新上市	退市	年末上市公司总数	退市率（%）
中国上海证券交易市场	124	3	1572	0.19
中国深圳证券交易市场	121	5	2205	0.23
中国香港证券交易市场	183	49	2449	2.00
美国纽约泛欧证券交易市场	60	164	2143	7.65
美国纳斯达克证券交易市场	145	63	3140	2.01
日本东京证券交易市场	98	47	3708	1.27
澳大利亚证券交易市场	66	120	2092	5.74
韩国证券交易市场	175	63	2283	2.76
股票市场	2020 年			
	新上市	退市	年末上市公司总数	退市率（%）
中国上海证券交易市场	233	6	1799	0.33
中国深圳证券交易市场	162	13	2354	0.55
中国香港证券交易市场	154	65	2538	2.56
美国纽约泛欧证券交易市场	79	56	2166	2.59
美国纳斯达克证券交易市场	184	391	2933	13.33
日本东京证券交易市场	109	59	3758	1.57
澳大利亚证券交易市场	88	131	2049	6.39
韩国证券交易市场	61	4	2340	0.17

资料来源：世界交易所联合会。

五、 股票市场制度环境评价

前文的研究说明,中国股票市场在运行过程中存在一些不足,从根本上说是股票市场创立和发展过程中,大规模强制性制度安排所导致的过浓的行政化管理和股票市场内在发展规律之间的冲突,使得应有的市场功能被严重扭曲所致。我国尚处于新兴加转轨的市场经济初级阶段,大中型股份公司大多通过对原有的国有企业改制而来,而以民营经济为主体的股份公司发育市场很短,公司治理还不完善,加之法律法规等制度建设和执法效率等方面的欠缺,股票市场的内涵式发展还远远不够。从目前我国股票市场的制度环境和监管水平来看,我国股票市场对外开放应该首先保证内部市场建设,并实时推进外部市场,在不断规范我国股票市场制度基础上,循序渐进地进行股票市场对外开放才是切实可行的。

第四节　制度创新的理论分析

制度经济学为理解我国股票市场制度创新提供了一个新的视角。根据制度经济学的理论,合理有效的制度可以减少经济活动的不确定性,约束经济主体的机会主义行为倾向,降低市场交易费用,提供给人们关于行动的信息,最终促进经济主体之间的合作。我国股票市场的制度就是处于不断发展、不断完善的变化之中,股票市场的制度创新过程是一个从制度均衡到制度非均衡再到新的制度均衡的动态发展过程。制度创新理论将创新与制度结合起来,研究制度因素与经济绩效之间的关系,强调制度环境与制度安排对股票市场发展的重要性。本节将从制度创新的含义、内容、过程、类型及功能等五个方面进行介绍,为本书后续内容奠定坚实的理论基础。

一、 制度创新的含义

制度创新最初由美国的经济学家兰斯·戴维斯(Lance E.Davis)和道格拉

斯·诺斯(Douglass C.North)提出,他们在 1971 年出版的《制度变迁和美国经济增长》一书中率先提出了制度创新的原因和过程,并在此基础上提出制度创新的理论模型。

诺斯认为,制度创新是使创新者获得追加利益的现存制度安排的一种变革。制度之所以会被创新,是因为创新的预期净收益大于预期的成本,而这些收益在现存的制度安排下是无法实现的,只有通过人为的、主动的变革现存制度中的阻碍因素,才可能获得预期的收益。卢现祥对制度创新的内容进行了界定,他认为,制度创新是指制度主体通过建立新的制度以获取追加利润的活动,包括产权制度创新、组织制度创新、管理制度创新和约束制度创新四个方面的内容。与制度创新非常密切的一个概念是制度变迁。制度创新的过程是制度失衡与制度均衡交替变化的过程,即制度的动态变化与发展过程。制度均衡状态的打破是制度变迁的起始,制度变迁是一个连续的制度创新过程。

制度创新取决于创新主体的意愿,它涉及制度变迁的成本收益分析。一般情况下,制度创新主体的行为选择取决于制度变迁的成本收益分析,当制度变迁的预期收益高于预期成本时,制度创新主体才具有提供制度安排的意愿。关于制度创新,新制度学派有很多论述,整体来看,新制度学派所提出的制度创新观点具有以下特点:

第一,制度创新一般情况下是指行为主体通过建立新的制度以获得追加利润的活动,它包括以下三方面:反映特定组织行为的变化;组织与其环境之间的相互关系的变化;组织在环境中的支配行为与相互关系规则的变化。

第二,制度创新既包括根本制度的变革,也包括在根本制度不变前提下具体制度或者体制模式的转换。

第三,制度创新是在既定的宪法秩序和规范性行为准则下,制度供给主体为解决制度供给不足而扩大制度供给以获取潜在收益的行为。

第四,制度创新是指能使创新者获得追加利益而对现行制度进行变革的种种措施与对策。

第五,制度创新是一个演进的过程,包括制度的替代、转化和交易过程。

二、 制度创新的内容

制度创新是由产权制度创新、组织制度创新、管理制度创新和约束制度创新四个方面组成的。

产权制度创新是指产权的各项权能在不同的产权主体之间进行重新组合,以期更好地发挥产权的各项功能,最大限度地提高资源的使用效率。产权制度创新的目标包括产权关系明晰化、产权结构多元化、出资者承担有限责任三个方面。产权制度创新使产权配置更具灵活性。企业作为产权关系的载体,其经营活动实际上就是各类独立的产权主体分工合作的过程。如何实现各类产权主体之间的最佳组合,只有通过市场选择和市场评价才能达到。现代企业产权制度强调产权的独立性,在市场经济条件下,以产权主体主动选择进入或退出方式来体现产权配置的灵活性,寻求产权关系的最佳组合,实现资源的优化配置。现代企业产权制度,以产权本位、产权分工和产权市场化形成产权配置进入或退出的灵活性,为社会再生产资源配置优化选择创造了便利的条件和有效途径,只有在产权主体主动选择进入或退出的行为中,产权关系才不断得以调整和完善,从而奠定企业制度创新的产权基础。

组织制度的概念有广义和狭义之分,广义的组织制度是指根据任务与情景之间的关系采取恰当行动的规则和惯例的集合,狭义的组织制度是指与工作相关的规则和标准。组织制度创新包括企业组织制度创新、科技组织制度创新、产业组织制度创新、区域组织制度创新等内容。组织制度创新是指创造有价值的、适用的新产品、新思想、新程序或新工艺的过程,是个人和团队通过互动学习不断地产生新想法(组织创新水平并不是该二者简单的相加)并通过竞争和多重协调来安排创新主体和创新实践的过程。

管理制度涵盖现代企业经营思想、经营战略及领导制度、人才开发、激励机制、组织机构、管理标准及文化特色等。管理制度创新包括质量管理创新、人事管理创新、营销管理创新、财务管理创新、薪酬管理创新、组织管理创新、战略管理创新、风险管理创新等内容。管理制度创新是企业面临的重要课题，实际上管理制度创新就是否定自己而重新定位并建立新机制的过程，就是对旧的管理制度方法、观念进行清理而按照新要求确立创新制度、新方法、新观念的过程。管理制度创新只有通过建立完善的企业所有权与法人财产权相分离的法人治理结构，才能实现管理的专业化和制衡化，使原来的利益共同体导向向命运共同体导向转变。

约束制度是指为规范组织成员行为和便于组织有序运转并充分发挥其作用而经法定程序制定和颁布执行的具有规范性要求、标准的规章制度和手段的总称。约束制度包括国家的法律法规、行业标准、组织内部的规章制度以及各种形式的监督等。按照约束形成的机制，约束机制可以分为外生性和内生性两种。外生性约束机制是在经济、金融运行外部形成的，体现的是人的意志；内生性约束机制是经济、金融运行过程中自然形成的，体现的是市场的逻辑。约束制度创新主要是指外生性约束制度创新。创造公平竞争环境，是约束制度创新的落脚点，竞争是市场经济的根本法则；形成自我约束机制，是约束制度创新的根本。在市场经济中，企业是具有独立法人权力的市场主体，有自主经营的权力，其行为在受到外在约束制度规范的同时主要靠自我约束；约束制度创新要充分体现法治原则，现代市场经济是一种法制经济，依法治理是一切领域尤其是经济领域的管理活动的最高层次。

三、　制度创新的过程

戴维斯和诺斯认为，因为制度创新存在着一定的时滞问题，所以制度创新是一个较为长期的过程。造成这种时滞的原因主要有：制度上的创新是一个复杂而艰难的过程，这个过程本身需要一定的时间来进行；新旧制度的替换需要有一个磨合和适应的时期，这个时期可长可短；一种新制度的出现要受现存法律规定的活动范围的制约，如果现存法律与某种新制度相抵触，就只有等法律制度变更之后才能实行制度创新。

戴维斯和诺斯把制度创新的全过程分为五个阶段:第一,形成"第一行动集团"阶段。所谓"第一行动集团"是指那些能预见到潜在市场经济利益并认识到只有进行制度创新才能获得这种潜在利益的人。这些人是制度创新的决策者、首创者和推动人,他们中至少有一个成员是熊彼特所说的那种敢于冒风险并有敏锐观察力和组织能力的"企业家"。第二,"第一行动集团"提出制度创新方案的阶段。先提出制度创新方案,再进入下一阶段的创新活动。第三,"第一行动集团"对已提出的各种创新方案进行比较和选择的阶段。方案的比较和选择必须符合能获得最大利益的经济学原则。第四,形成"第二行动集团"阶段。所谓"第二行动集团"是指在制度创新过程中帮助"第一行动集团"获得经济利益的组织和个人。这个集团可以是政府机构,也可以是民间组织和个人。第五,"第一行动集团"和"第二行动集团"协作努力,实施制度创新并将制度创新变成现实的阶段。

戴维斯和诺斯认为,制度创新的过程是制度失衡与制度均衡的交替变化过程。在制度均衡状态下,对现存制度的改革,不会给从事改革者带来更大的利益。因此,这时不会出现制度创新的动机和力量。如果外界条件发生变化,或市场规模扩大,或生产技术发展,或一定利益集团对自己的收入预期有改变等,从而出现了获取新的潜在利益的机会时,可能再次出现新的制度创新,然后又达到制度均衡。在制度学派经济学家看来,制度不断完善的过程就是这样一种周而复始的从制度的非均衡到制度均衡的动态变化与发展过程。因此,制度创新是一个渐进的过程。

四、 制度创新的类型

制度创新可按照不同的分类标准划分成不同的类型,最普遍的划分是按创新的来源将制度创新分为创设式制度创新和移植式制度创新两种。制度创新还可以按发起主体在变革中所处的地位和作用以及其他标准进行分类。

（一）按制度创新的来源分类

制度创新按照创新的来源可分为创设式制度创新和移植式制度创新两种。创设式制度创新是指制度创新的目标制度基本上是依赖自我设计和自我建构制度的制度创新。这种性质的制度安排或制度结构基本上没有先例，所以，制度创新论证分析在很大程度上是依据理论的预期分析。制度创新主体根据目标函数和对制度变迁的预期，有可能创设一套更具效率的制度，也有可能创设一套更缺乏效率的制度。这种制度创新初始成本较高，预期可信度较低，具有较大的风险性，摩擦成本较大而动力较弱，在进行这类制度创新时需要统筹规划并慎重行事。移植式制度创新是指制度变迁的目标制度基本上是根据他方已经创设实施并具有一定效率的制度变迁。换言之，移植式制度创新其实是一种合法的搭便车行为。这种制度创新初始成本和摩擦成本较低，风险性较小，创新的动力较大，可以在比较大的制度空间里进行理性的选择。从两种制度创新的特点来看，选择移植式制度创新要优于创设式制度创新，但是具体的路径选择要综合考虑制度环境、国民素质和经济发展状况。一般来讲，发达国家更多地选择前者，发展中国家则更多地选择后者。

（二）按发起主体在变革中所处的地位和作用分类

制度创新按发起主体在变革中所处的地位和作用可分为诱致型制度创新和强制型制度创新。诱致型制度创新是指人们为争取获利机会自发倡导和组织实施对现行制度安排的变更或替代；创造新的制度安排是人们在追求由制度不均衡引致的获利机会时所进行的自发性制度创新。一般而言，诱致型制度创新必须由某种在原有制度安排下无法得到的获利机会所引起。诱致型制度创新的主体是个人（或个人组成的群体）、企业（或利益集团)和政府:其中个人、企业是初级行为团体,他们的决策支配了制度安排创新的进程。政府是次级行动团体,其作用是帮助初级行动团体获取收入,进行一些制度安排,推动制度变迁。强制型制度创新一般是由政府命令、法律引入来实现,其创新主体一般是国家。国家的基本功能是提供法律和秩序。作为垄断者,国家可以比竞争性组织以低得多的费用提供一定的制度性服务。国家在制度供给上除规模经济这一优势外,在制度实施及其组织成本方面也有优势。诱致型制度创新和强制型制度创新比较如表 1.3 所示。

表 1.3　诱致型制度创新和强制型制度创新比较①

区别			联系
	主体方面	优势方面	面临问题方面	
诱致型	个体、群体或团体	异质性同意原则和经济原则	外部性和"搭便车"	1. 对制度不均衡的反应,遵循成本收益比较的基本原则; 2. 当诱致型制度创新不能满足社会对制度的需求时,就需要强制型制度创新来弥补制度供给不足
强制型	政府、国家	以最短的时间和最快的速度进行	意识形态刚性、集团利益冲突或政府的有限理性	

(三)其他分类方式

制度创新也可按其他不同的方式进行分类。按照制度创新的规模,可以分为整体性制度创新与局部性制度创新;从制度创新的速度来分,包括渐进式制度创新与激进式制度创新;从制度创新的强度来看,可以区分为强制型制度创新与需求诱导型制度创新。

---

① 卢现祥:《西方新制度经济学》,中国发展出版社 2003 年版,第 98 页。

五、　制度创新的功能

在创新体系中,管理、技术、组织创新都离不开制度创新。制度创新在整个创新体系中居于基础地位。制度创新的功能概括如下。

(一)有效地降低交易成本

有效的制度创新能降低市场中的不确定性风险和抑制人的机会主义行为倾向,从而降低交易成本。许多制度的出现就是为了降低交易成本。当一种制度的存在不能很好地降低交易成本时,就会出现制度创新,从而更好地起到降低交易成本的作用。

(二)更好地为经济提供服务

舒尔茨(Schultz)认为,制度的功能就是为经济提供服务。每一种制度都有其特定的功能和经济价值。如货币的特性之一是提供便利;租赁、抵押货物和期货可以提供一种使交易费用降低的合约;市场可以提供信息;保险公司可以共担风险;学校可以提供公共服务;等等。每一种制度都有其特定的服务功能,而制度创新则能够更好地为经济提供服务。

(三)为加强合作创造条件

传统经济学强调了经济当事人之间的竞争而忽略了合作。从这一角度来讲,可以说制度就是人们在社会分工与协作过程中经过多次博弈而达成的一系列契约的总和。制度为人们在广泛的社会分工中的合作提供了一个基本的框架,通过规范人们之间的相互关系以及减少信息成本和不确定性,从而促进了合作的顺利进行,而制度创新则能够进一步加强这种创新。

（四）创造持续的激励机制

所谓激励，就是要使经济活动当事人达到一种状态，在这种状态下，他具有从事某种经济活动的内在推动力。通俗地说，就是调动人们的积极性。一个有效的制度，应明确界定行为主体获取与其努力相一致的收益的权利。随着制度环境的改变，只有不断地进行制度创新，才能为组织内部的主体提供一种持续不断的激励。

（五）推进外部利益内部化

新制度经济学认为，建立排他性产权制度的过程也就是将外部性内在化的过程。新制度经济学的鼻祖罗纳德·哈里·科斯（Ronald H.Coase）在《联邦通讯录》中指出，只要产权不明确，外部性带来的危害是不可避免的，只有明确产权，才能消除外部性带来的危害。产权制度及其相应的制度创新有利于将外部收益内部化，这是新制度经济学关于制度创新的重要观点。可见，有效的制度创新能够推进外部利益内部化。

总体来说，制度创新的功能体现在以上几点，并通过上述内容对各主体提供有效信息和正向或反向的刺激，从而改变个体的行为，提高资源配置效率，促进社会进步。因此，为迎接知识经济时代的到来，我们在扎扎实实地搞好技术创新、知识创新的同时，必须高度重视制度创新，把它放在十分突出的地位来加以研究和推进。

本章小结

本章通过系统的理论分析为全书的研究建立了基础。首先是股票市场开放的理论分析，第一节从整体上概述与股票市场开放相关的理论，包括流动性假说、市场分割假说、投资者认知假说、有效市场假说以及金融深化理论，同时这些假说可以用来解释股票市场开放的动机；第二节论述我国股票市场为什么要开放,以及什么时候开放的问题;第三节是关于股票市场开放的相关文献,国内外学者主要从股票市场开放对国民经济的整体影响、股票市场开放带来的风险传染以及股票市场开放的治理效应三个方面进行综述。但是对这些经典文献进行梳理时,本章发现由于股票市场开放政策不同,对股票市场产生的影响也不尽相同。而沪港通制度作为我国股票市场一项重要制度创新,其对外开放力度和广度是前所未有的,因此有必要对沪港通制度进行分析,检验其对股票市场的真实影响。其次,本章详细阐述中国股票市场开放历程,并从发行制度、交易制度等方面说明我国股票市场的制度环境。最后,本章将制度创新的理论应用到沪港通制度的研究中,为本书的研究提供强有力的理论支撑。

第二章　沪港通制度的实施背景与运行状况分析

本章导读

本章从直观上对沪港通制度进行分析。研究分为三部分,本章首先对沪港通制度的研究成果进行综述;第二部分是沪港通制度的实施背景,包括沪港两市的基本情况介绍、沪港两市的差异以及沪港通制度实施的动因;第三部分是沪港通制度的运行状况分析,包括沪港通制度的基本内容和沪港通制度的运行现状;第四部分是对沪港通制度定位的理解。本章的研究不仅有助于初步理解沪港通制度,同时也为后文的实证研究做出铺垫。

第一节　沪港通制度的相关研究

沪港通制度是我国股票市场对外开放制度中的一部分,在沪港通制度实施前,国内外并没有与之相同的对外开放制度,而且国外学者更多是针对股票市场开放进行相关研究,并没有严格区分各项开放制度。因此,沪港通制度的相关研究主要集中在我国学术界。本小节主要对沪港通制度的现有研究成果进行归纳总结,以期梳理一个较为清晰的沪港通制度的研究脉络,进而引出本书的研究空间。

沪港通制度开通之初的研究主要集中于定性方面的研究,巴曙松和张信军(2014)从跨境资本流动方面对沪港通制度的实施效果进行分析,分别对比了沪港通制度开通前和沪港通开通后上海股票市场和香港股票市场的资金流动的变化,他们认为尽管沪港通制度开通后使得我国香港投资者能够进入内地股票市场进行交易,但对上海股票市场资金的增加作用有限,沪港通制度可能更多地将现有的投资渠道进行分流,而非将资金全部引入 A 股。对于我国香港股票市场资金流动方面的影响,巴曙松和张信军认为由于香港股票市场对内地投资者具有足够的吸引力,因此他们认为香港股票市场的增量资金会明显提高。也有部分学者从开通意义层面对沪港通制度进行述评,如邵宇(2014)认为沪港通制度是我国股票市场对外开放进程中的一项长期的制度安排,并指出沪港通制度的最终目标是推动人民币国际化发展,而不应该将注意力集中在沪港通制度的短期影响,要对沪港通制度的长远发展充满信心。陈德霖(2014)指出,沪港通制度的实施使得内地与香港股票市场的联系越来越紧密,同时沪港通制度的实施能够促进人民币离岸市场的发展。王剑辉(2014)认为沪港通制度的实施对我国内地股票市场具有长期的积极作用,能够在一定程度上完善内地股票市场,尤其在法规制度、投资者保护、市场效率方面均能得到提高。李大霄(2014)指出,沪港通制度是我国内地与香港股票市场互联互通的一个大工程,能够对内地股票市场的国际化发展起到一定的促进作用,从而提升我国股票市场在国际上的地位。另外,郑联盛(2014)从风险角度出发,研究沪港通制度的开通给我国内地股票市场带来的风险。他认为沪港通制度开通后,我国内地市场的潜在风险发生变化,股票市场监管当局应该重点关注沪港通制度带来的资本流动风险和汇率风险等,并制定相应措施以防该风险给我国股票市场带来巨大损失。此后,郑国姣和杨来科(2015)继续研究了沪港通制度可能带来的风险并归纳出沪港通推进人民币国际化发展的途径。他们认为沪港通制度带来的风险不仅仅是郑联盛(2014)研究的资本流动风险和汇率风险,宏观经济的系统性风险也能由沪港通制度的实施引发到我国内地股票市场,在此基础上,他们又总结了沪港通制度通过促进资本市场开放、发展人民币离岸市场、倒逼股票市场制度完善三个方面来推动人民币国际化进程。胡欣、杨洋(2015)从制度设计方面提出务必完善沪港通制度,以促进上海和香港两地股票市场互联互通。

在定量研究方面,现有的文献一部分集中于沪港通制度对两地股市的联动性的实证检验。张昭等(2014)研究沪港通制度实施前后上海股票市场和香港股票市场的联动关系的变化,他们利用自回归条件异方差模型对两地进行考察后发现,沪港通制度确实增强了上海与香港股市的联动性。徐晓光(2015)采用时变 SJC-Copula 多元分布函数研究了沪港通制度开通前后沪港股市融合度的变化,研究显示沪港通制度实施后,上海股票市场和香港股票市场的尾部相关性有所增强,其中上尾相关性的提高尤其显著,因此沪港通制度确实增强了沪港股市的融合度。并且研究中也发现,在沪港通制度实施的分界点上,沪港股市的联动结构发生显著性改变。蔡彤彤和王世文(2015)采用 Copula 函数对上海股票市场、香港股票市场以及美国股票市场的联动关系考察时发现,沪港通制度提高了上海和香港股市的短期联动关系,但对长期联动关系无影响。杨瑞杰和张向丽(2015)分别检验了沪港通制度实施前后沪港股市的整体波动、沪港股市的连续波动以及沪港股市的跳跃波动之间的相互影响,研究结果显示,沪港通制度实施后,整体波动、连续波动以及跳跃波动的相关关系显著增强,因此沪港通制度显著增强了沪港两地之间的融合与一体化进程。陈九生和周孝华(2017)利用多元 GARCH 模型和 Copula 函数分析沪港通制度对沪港股市联动性的影响,结果表明沪港通制度的实施加强了沪港两市之间的相关性。王定祥和周悦(2020)的研究结果表明沪港通制度加强了内地和香港股市的联系。但是,方艳、贺学会、刘凌和曹亚晖(2016)对沪港通制度实施前后沪港股市的相关关系考察时发现,沪港通制度实施后上海股票市场和香港股票市场的相关关系并没有增强;闫红蕾和赵胜民(2016)在研究沪港通制度实施效果时,也得出了相关关系并没有增强的结论。毛小丽和王仁曾(2018)在对两地股市联动效应进行检验时发现,尽管沪港通制度开通后两地股市的联动性有所增强,但长期看来,联动性又逐渐减弱。虽然以上文献均是考察沪港通制度对股票市场联动性的影响,对相同的内容进行考察却得出了相反的研究结果,这显然是存在问题的,值得我们深思并对此进一步考察。

还有一部分文献集中于沪港通制度对上海股票市场波动性与流动性的影响研究。何雨轩、谷兴、陈绍哪(2015)利用上证综指与香港恒生指数,采用ARIMA 模型对上海股票市场和香港股票市场在沪港通制度实施后的一个月时间里的波动性进行考察,得到的结论是沪港通制度确实在短时间内对上海股票市场产生了积极影响,但研究中并没有给出沪港通制度对我国股票市场长远影响的结果。许香存和陈志娟(2016)选取上证综指收益率序列,采用修正的 GARCH 模型考察沪港通制度实施后上海股票市场的波动性,研究结果显示沪港通制度的实施提高了上海股票市场的收益,同时增加了上海股票市场的波动程度。吴旭(2015)通过对沪港股市中的交叉上市"A+H"股分别编制指数,然后考察沪港通制度对交叉上市股票的收益率波动的影响,研究结果显示,沪港通制度使得交叉上市股具有双向格兰杰因果关系,并且沪港通制度提高了上海股市和香港股市的"A+H"股的波动溢出效应。陈晨(2015)利用沪港通指数和深证 300 指数考察沪港通制度对沪市的波动性和流动性的影响,采用的双重差分模型不仅可以剔除两个序列组的事前差异还能有效避免两组的共同趋势因素,得到的结果是沪港通制度的净效应提高了上海股票市场的波动程度,也降低了上海股票市场的流动性。胡永宏和潘丽莉(2015)在考察上海股票市场和香港股票市场相关性时,按照时间的长短,分别研究两地股票市场的长期动态相关关系和短期动态相关关系。在考察沪港股市的长期波动时,他们利用平滑转换函数度量的结果显示沪港股市具有抛物线型的平滑特征,在考察沪港股市的短期波动时,他们利用 GARCH 模型计算的结果显示,沪港通制度实施后沪港股市的平稳性和聚集性有所提升。

也有少许文献从其他方面研究沪港通制度对股票市场的影响。如许从宝等(2016)和吕江林等(2016)从股票价格波动性方面考察沪港通制度对我国股票市场的短期影响;刘荣茂和刘恒昕(2015)从股票市场有效性方面考察沪港通制度对上海股票市场的影响;严佳佳等(2015)从公告效应角度考察沪港通制度对两地股票市场信息传导速度的影响;王倩等(2016)从公司治理的角度考察沪港通制度实施的效果;陈运森等(2019)和连立帅等(2019)基于沪港通制度,从企业投资效率的角度考察股票市场开放带来的影响。

通过对沪港通制度相关文献的梳理可以看出,虽然沪港通的实施已经有一段时间,但对沪港通制度的研究相对较少。在定性研究上,仅有的几篇中文文献也仅仅集中于沪港通制度对国际资本流动以及沪港通开通的意义与风险上,并没有深入而全面地分析沪港通制度给我国股票市场带来的影响。在定量研究上,学者们将注意力主要集中于联动性、波动性以及流动性几个方面,并且得出的结果也存在很多差异,另外少有的几篇从其他角度考察沪港通制度对我国股票市场影响的文献,也并没有切中要害。由此可见,对沪港通制度实施效果的研究并没有形成完整的研究体系,同时这也为本书腾出相应的研究空间。

第二节　沪港通制度的实施背景

为全面把握沪港通制度的实施背景,本节首先介绍上海股票市场和香港股票市场的基本情况,然后再对沪港两地市场存在的差异进行分析。

一、 上海股票市场和香港股票市场的基本情况

(一)上海股票市场

自1980年以来,伴随着改革开放和社会主义市场经济的发展,中国证券市场逐步成长起来。1990年11月26日,上海证券交易所成立,同年12月19

日正式开业,由此上海成为我国内地最早设立、最先出现证券、证券交易以及证券交易所的城市。自上海证券交易所成立以来,中国内地证券市场迅猛发展,证券市场在社会经济发展中所起的作用和影响日益增强。目前我国内地共有两个股票交易市场,分别为上海股票交易市场和深圳股票交易市场,其中上海股票交易市场在我国股票交易市场中占有不可动摇的重要地位。上海股票交易市场发展至今,已经成为支持我国经济发展的主要市场。根据 Choice 数据库显示,截至 2020 年 12 月 31 日,在上海证券交易所挂牌上市的公司总数为 1843 家(其中主板 A 为 1580 家,主板 B 为 48 家,科创板为 215 家),股票市价总值为人民币 455321.59 亿元,流通市值为人民币 380012.99 亿元;年成交金额由 2010 年的 304312 亿元人民币逐渐增加到 2020 年的 839860.86 亿元人民币,年成交量由 2010 年的 25131 亿元人民币逐渐增长到 2020 年的 68360.89 亿元人民币。由此可见,上海股票市场已经发展成为世界上屈指可数的大规模股票市场。虽然在三十年的发展过程中,上海股票市场不断进行制度建设以完善其市场机制,但是出于各种原因,上海股票市场的发展并不顺利,经历过多次 IPO 暂停与重启,并且股票市场也出现多次如"过山车之旅"的涨跌,上海股票市场仍然存在很多问题。2015 年上海 A 股换手率已达到 389.56%,这能够说明中国内地股民热衷于短线操作。并且虽然《证券法》的相关规定已经出台,但仍然存在原本要退市的公司通过"借壳重组"转身变为"好公司"的情况,也由此导致垃圾股大量出现,上海证券市场中靠包装造假上市的公司越来越多。同时上海证券市场对于经济的预测反应灵敏度不高,并没有起到"晴雨表"的作用,这导致证券市场发展不能匹配经济的高速发展。因此,上海股票市场虽然在上市公司数量、投融资规模取得了令世界瞩目的成就,不过其市场机制不成熟和投资者保护程度不够,这使得上海股票市场仍属于新兴股票市场。

(二)香港股票市场

香港是继纽约、伦敦后的世界第三大金融中心,是我国与世界其他国家资本流动的最大渠道。香港股票市场历史悠久,最早可追溯至1891年,香港经纪协会的设立标志着香港第一个正式的证券交易市场成立,1914年香港经纪协会改名为"香港经纪商会"。1921年,香港成立了第二个证券交易市场,取名为香港股份商会。两个证券交易市场独立运行多年后,于1947年进行合并,取名为香港证券交易所,由于当时的香港证券交易所的上市公司多为英资企业,香港证券交易所实际上主要由英国人进行管理。20世纪60年代末期,随着香港本土经济的迅猛发展,许多香港本土的公司发展越来越大,对资金的需求也日益迫切,大量本土企业需要上市,就促成了由香港本土人管理的远东交易所、金银证券交易所和九龙证券交易所的设立。同一时间,香港拥有四家证券交易所,这对政府部门的监管带来了极大的挑战。1980年,在香港政府的强行施压下,香港联合交易所注册成立,经过6年的调试和准备,香港联合交易所于1986年4月2日吸收合并了香港证券交易所、远东交易所、金银证券交易所以及九龙证券交易所,成为香港地区唯一的证券交易所,从此香港股票市场迈入新的阶段。1986年9月22日,香港联交所正式被世界证券交易所录用,成为其联合会的会员。此后,香港股票市场快速发展,很快成为亚洲金融中心。2000年香港联合交易所、香港期货交易所及香港中央结算公司合并,发展成为如今的香港交易及结算所有限公司,即香港交易所,其经营的证券及衍生产品市场交易均已全面电子化。证券市场和衍生品市场共同构成了香港股票市场,其中证券市场又分为主板上市和创业板上市。主板上市的企业要求公司必须具备至少连续三年的盈利经营,而创业板上市的企业则只要求公司经营两年即可,因此,许多经营时间较短但发展前景较好的公司选择在香港创业板进行上市。

二、 沪港两市的差异

在对上海股票市场和香港股票市场的基本情况进行介绍后,本章又对沪港两市的差异进行分析,主要包括制度环境、市场环境、政策法规、信息环境以及交易制度和交易规则等方面。

(一)两市制度环境和市场环境的差异

对比内地股市和香港股市可以发现,二者实际上是制度环境和市场环境截然不同的两个市场。首先,相比于内地而言,香港在投资者利益保护上可能做得更好。其次,在执法质量上二者也有着较大的差距。最后,在政府对经济的干预,尤其对公司的干预上存在较大的差异。内地上市公司受到政府的干预较多,这种过度的干预是造成上市公司信息披露水平不高的一个重要的原因(Bao 和 Chow,1999;朱茶芬和李志文,2008)。而反观香港,政府对市场和上市公司干预较少。

而在市场环境方面,香港市场发展时间长,金融中介机构(包括投资银行、证券分析师、机构投资者)都更加成熟。研究发现,香港股市的上市公司信息披露质量在整个亚洲国家(地区)和新兴市场却处于领先位置,而在投资者保护水平同样也处于世界前列(Francis 等,2008;Leuz 等,2003)。因此,无论是从金融市场发育程度还是投资者保护力度等方面衡量,香港股票市场都比中国内地股市好一些(Allen 等,2005)。

(二)两市政策法规和信息环境的差异

在政策法规方面,我国香港是世界上最早接纳国际会计准则的地区之一。1992 年以前,香港主要遵循英国的会计准则,执行英国的信息披露制度。随着经济全球化的发展,香港会计师公会日益认识到国际会计准则的重要性,着手修改会计准则,并在制定过程中紧跟国际步伐。自此,香港会计准则同国际会计准则并无实质性差异。香港联交所亦规定,对于注册地在香港以外的公司,既可以按照香港会计准则进行信息披露,也可以选择国际会计准则作为信息披露的基础。从我国内地的政策法规方面看,政府部门先后出台了《关于提高上市公司财务信息披露质量的通知》《深圳证券交易所上市公司信息披露工作考核办法》《关于进一步提高上市公司财务信息披露质量的通知》《上市公司信息披露管理办法》以及《企业会计准则(2006)》等,这些措施无疑从行为规范上为提高我国上市公司的信息披露质量奠定了制度基础,但不可否认,这些政策法规与国际资本市场的要求还存在一定差距。在审计师的监督机制上,我国内地与香港市场也有很大的差异。内地审计师的监管是双重监管机制,审计师是以财政部为主体的政府监管和中国会计师协会的自律监管。而且在 2001 年发生的中天勤事件后,政府监管得到了进一步强化。而香港市场则不同,自 20 世纪 70 年代香港会计师公会成立以来,其审计师的监管一直采取的是自我监管模式。而且从 1992 年 2 月之后,立法当局正式授予了会计师公会一项具有法律效力的、负责监督审计执业指令的权力,而且如果审计师涉嫌舞弊和接受贿赂,廉政公署也可直接介入调查。从实践效果上看,出现审计师在执业上的瑕疵事情还是比较少的,而且针对审计师执业提起的法律诉讼也不多。不过,随着香港证券市场一些假账丑闻事件的发生,香港会计师公会也深感自身权力有限,近年来业界一直呼吁成立类似于美国公众公司会计监督委员会(PCAOB)的独立组织,以实现从自我监管向独立监管模式过渡。

除监督机制外,两地证券分析师所面临的信息环境也存在重大差异。在香港联交所上市能够使公司的信息透明、公开,通过监督约束作用促使上市公司优化信息环境(Foucault 和 Gehrig,2008)。而我国内地的证券交易市场缺乏对高质量信息披露的需求,并且地方政府对于证券分析师的干预,也降低了信息披露质量。因此,声誉媒介的自愿性监督对香港证券分析师更有效。

（三）两市交易制度和交易规则的差异

第一，两个市场的交易时间不同。上海证券交易所规定的交易日为每周一至周五，休市日为法定节假日及交易所临时公告的休市日。交易时间为北京时间上午9：30至11：30及下午13：00至15：00。香港联合交易所规定的交易日为每周一至周五，休市日为法定节假日及联交所临时公告的休市日。交易时间为北京时间上午9：30至12：00及下午13：00至16：00。香港联合交易所规定的交易日与上海股票市场的交易日总体上是一致的，只是两地的法定节假日略有差异，所以两市的交易日稍有不同。

第二，证券代码编制及证券简称存在差异。上海证券交易所的股票代码由六位数字组成，股票简称大多数为四个中文汉字，也有少许股票简称为三个中文汉字的；而香港联交所的股票代码由五位数字组成，股票简称一般不超过八个汉字。另外，上海股票市场的股票如有连续亏损，将会在股票简称前冠以ST和＊ST等风险警示标记，而香港股票市场并没有此警示标记。

第三，两市的交易货币不同。上海证券交易所规定A股交易货币必须是人民币，而香港联交所的交易货币并不完全是港币，还有部分股票是以人民币或美元进行交易。在沪港通交易过程中，内地投资者买卖港股通的股票是以港币报价，但是支付货币却是以人民币计量。

第四，内地和香港的涨跌幅限制不同。上海股票市场对股票、基金交易实行价格涨跌幅限制，涨跌幅限制比例为10％，ST和＊ST等具有风险警示标志的股票价格涨跌幅限制比例为5％。而香港股票市场在股票交易时间段对股票是没有涨跌幅限制的。

第五，买卖交易制度存在差异。在上海证券交易所买卖A股股票实行的是T＋1交易制度，即当天买入的股票当天不能卖出，至少要等到第二天才能卖出。而香港股票市场实行的交易制度与上海股票市场的交易制度不同，香港联交所实行的是T＋0交易制度，即投资者当天买入的股票可以当天卖出,因此投资者可以在一个交易日内对同一只股票进行多次买卖交易。

第六,交易单位不同。上海证券交易所通过竞价交易买入的股票,申报数量应为 100 股的整数倍;卖出的股票,理论上也应为 100 股的整数倍,如果不足 100 股(简称"零股"),应当一次性申报卖出。而香港股票市场则更为自由,不是由联交所设定统一标准,而是由上市公司自行设置不同数量的每手股票交易单位。投资者可以登录联交所网站,在"投资服务中心"栏目内选择"公司/证券资料",输入股份代号或上市公司名称查询每只股票的买卖单位。对于"碎股"(即少于一个完整买卖单位的股票)或者因股票价格过低导致的即使拥有完整买卖单位其价格仍低于完整买卖单位市场中的交易最低价的股票,香港联交所系统内设有"碎股/特别买卖单位市场"专栏,可供以上两种情况的投资者进行交易。值得注意的是,参与港股通业务的内地投资者对于碎股,只能卖出,不能买入。

第七,分红差异。上海股票市场的上市公司很少进行分红,即使分红,分红的比例也处于较低水平。而香港股票市场则不同,香港上市公司具有高分红的传统,且派息率和股息收益率都比较高。另外,香港市场存在一些上海市场所没有的权益证券分派情况。例如,在香港市场上,A 公司除分派股份形式的权益证券外,还可能分派权证,或将存在权益关系的 B 公司股票、权证乃至其他产品作为权益分派,因此分派的权益证券很可能不在沪港通的交易标的中,甚至个别的有可能不在香港市场交易。

三、 沪港通制度实施的动因

由于我国上海股票市场的相对封闭,并且上海股票市场处于新兴的股票市场,而我国香港股票市场相对更加完善,新古典经济学认为边际效用递减规律是解释一切经济现象的基础,运用这一规律可以解释市场买方面对一批相同价格商品时采取的购买行为、市场参与者对价格的不同反应、各种资源在不同用途之间的优化配置等各类经济问题。边际效用递减规律的基本含义是：假定消费者对其他商品的消费数量保持不变,则消费者从该商品连续增加的每一消费单元中得到的效用增量是递减的。根据这个规律,发达地区资本充裕,资本边际产出较低,发展中地区资本匮乏,资本边际产出较高。在资本自由流动,没有管制的情况下,资本会从发达地区流向发展中地区,从而促进发展中地区扩大投资,推动经济增长,而发达地区获得了更高的投资收益。新古典经济学较好地解释了资本市场开放与资本供给的关系,成为发展中地区推行资本市场开放的重要理论依据。

第三节　沪港通制度的运行状况分析

本节首先对沪港通制度的具体内容进行介绍,然后详细分析沪港通制度的运行现状。

一、沪港通制度介绍

(一)沪港通制度的开启

2014 年 4 月 10 日,中国证监会和香港证监会发布联合公告,对上海和香港股票交易所开展两地股票交易互联互通政策的计划进行批复,批准实行沪港通业务。在公告发布的当天,李克强总理以《共同开创亚洲发展新未来》的主题进行相关发言,强调了亚洲经济一体化以及强力融合金融发展大格局的必要性。而沪港通制度则是中国与世界各地区展开金融合作、促进我国资本市场开放的攻关项目。长期以来,我国内陆股市与香港股市中的许多股票都存在着一定的差价。沪港通制度业务的正式批复对在内地与香港股市中存在差价的股票影响巨大,并且差价越大的股票影响越大。沪港两市为保证沪港通制度的各项业务能够正常实施,有关部门不断完善方案、优化业务流程,在做了长达半年的准备与运行测试工作后,终于在 2014 年 11 月 17 日正式开通。沪港通制度的开启如表 2.1 所示。

表 2.1　沪港通的开启

日 期	具体事件描述
2014 年 4 月 10 日	中国证监会和香港证监会发布联合公告,批准实行沪港通项目
2014 年 6 月 13 日	中国证监会发布沪港通试点规定
2014 年 7 月 18 日	沪港通各项准备工作顺利开展,配套文件陆续发布实施
2014 年 7 月 28 日	港交所为沪港通的启动进行准备工作,但未公布具体的启动时间表
2014 年 8 月 11—23 日	进入测试期,分为三大阶段:全天候测试、接入测试和全网测试
2014 年 8 月 24—30 日	沪港通进行连接测试
2014 年 8 月 31 日	沪港通进行市场演习,模拟正常交易、交收及结算活动
2014 年 9 月 13 日	沪港通进行第二次市场演习,即危机应变演习
2014 年 10 月中旬	上交所先后两次线上演练测试
2014 年 11 月 17 日	沪港通正式开通

资料来源:上海证券交易所网站。

(二)沪港通制度的运行机制

在沪港通制度各项业务实施的过程中还需要上海证券交易所和香港证券交易所分别设立专门从事该业务的证券交易服务公司(简称 SPV)。SPV 作为对方交易所的参与人,为本地投资者买卖双方挂牌证券提供订单路由服务。在沪股通业务方面,香港证监会认可上海证券交易所、香港联合交易所 SPV和中国证券登记结算公司(简称"中国结算")成为自动化交易业务(简称ATS)的提供者,中国证监会批复同意香港联合交易所 SPV 成为上海证券交易所非会员交易参与人、香港结算成为中国结算的结算参与人,上海证券交易所给予香港联合交易所 SPV 交易业务单元；在港股通业务方面，中国证监会批复同意上海证券交易所 SPV、香港结算提供港股通服务，香港证监会认可上海证券交易所 SPV 成为 ATS 提供者，香港联合交易所认可上海股票交易所 SPV 成为其特殊交易所参与者。沪港通制度中项业务具体运行机制如图 2.1 所示。

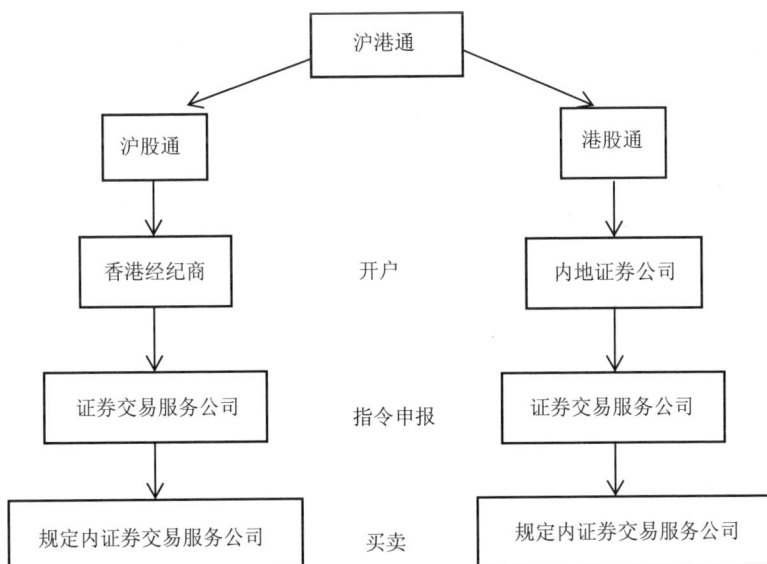

图 2.1　沪港通的运行机制图

（三）沪港通制度的股票类型和投资者类型

沪港通制度的标的股票主要由两部分构成，即沪股通标的股票和港股通标的股票。沪股通标的股票主要包括部分上证 180 成分股和上证 380 成分股以及 A+H 交叉上市公司在上交所上市的 A 股，其中以外币买卖及交易的 B 股还有被上交所实施风险警示的 ST、*ST 股票不被纳入到沪股通标的股票中；港股通主要是恒生综合大型股指数的成分股、恒生综合中型股指数的成分股以及 A+H 交叉上市公司的 H 股，发行人同时有股票在上交所以外的内地证券交易所上市的股票,在联交所以人民币报价交易的股票不纳入到港股通标的股票中。

参与沪股通业务的香港投资者通过香港联合交易所买卖并持有沪市 A 股,香港结算在中国内地结算开立一个证券账户,该证券账户是香港投资者参与 A 股买卖的统一账户。因此香港投资者不需要在中国结算开户,其持有沪市 A 股的交易明细由香港结算来维护。同时,香港结算作为名义持有人在中国结算系统中代理持有香港投资者的 A 股。参与沪港通制度各项业务的内地投资者需要持有沪市 A 股账户,其中可参与的账户类型有:A 股个人投资者账户(A 账户)、A 股机构投资者账户(B 账户)以及 A 股专业机构投资者账户(D 账户)。内地投资者同样无须在香港结算另行开户,可以通过沪市 A 股账户进行买卖并持有港股,其持有港股的交易明细则由中国结算来维护。同样地,中国结算作为名义持有人在香港结算系统中代理持有内地投资者的港股。

(四)沪港通制度的投资者限制和投资额度

根据中国证监会和香港证监会协商,沪港通制度对投资者提出了相应门槛,参与港股通的境内投资者仅限于机构投资者以及证券账户及资金账户的总金额不低于人民币 50 万元的个人投资者,同时投资者需要具备港股通股票交易和外汇风险管理的基础知识,港股通业务实行投资者适当性管理,个人投资者和机构投资者准入条件在中国证监会有关管理办法中具体规定。而相对于参与沪股通的香港投资者来说没有具体限制条件。

为了控制风险同时防止热钱恶意炒作内地股市、影响两地股市正常交易,沪港通制度对总交易额度以及每日交易额度均进行了明确的规定。沪港通制度开通时对沪股通和港股通的股票设置了投资额度,即沪股通总额度为 3000 亿元,港股通总额度为 2500 亿元;沪股通每日额度为 130 亿元人民币,港股通每日额度为 105 亿元人民币。其中总额度的计算公式为:总额度余额=总额度－已成交的买盘总金额＋已成交的卖盘总金额；每日额度的计算公式为：每日额度余额＝每日额度－买单申报＋买单成交＋买单申报撤销及被拒＋买单交易价低于申报价的差额。2016年8月，沪港通制度已取消了总额度限制，但每日额度限制依然存在。

(五)清算交收设置情况

沪港通制度的交易特点决定其清算、交收需要由中国内地结算与香港结算共同完成。南向与北向交易通道本质上是两套独立的清算、交收、换汇体系，以港股通为例。

港股通使用港币进行交易申报、使用人民币进行最终结算。中国结算采用净额换汇模式，即在每个交易日日终，中国结算按照当日港股通的全部应收付资金的净轧差金额向指定的港股通结算银行进行换汇。值得注意的是，由于人民币与港币也存在汇率的浮动关系，在换汇过程中产生的成本采用"全额分摊"的方式分摊至当日实际产生的交易的首付资金中。在"T+2"日，中国结算根据之前确定的换汇汇率，与港股通相关结算银行对"T"日换汇完成最终的清算交收。

沪港通制度的清算交收安排是沪港通制度创新模式的核心，由于内地投资者交易港股通结算采用在岸人民币汇率，沪股通结算是香港机构投资者使用离岸人民币进行结算，内地投资者使用在岸人民币投资港股，沪股通投资者卖出A股得到离岸人民币，离岸在岸人民币通过该种方式市场实现联通，随着沪港通制度和深港通制度交易量逐渐增加，离在岸人民币市场信息交互更加有效，联通程度加深，两者相关性会更为明显。

长期以来，香港虽然定位于"离岸人民币中心"，但香港金融行业在服务内地实体经济方面，除支持了部分企业H股上市外，一直缺少有效抓手。沪深港通制度南下与北上通道均采用人民币结算，为香港金融机构为离岸人民币提供资产配置服务提供了重要契机，同时也拓宽了离岸人民币回流国内的渠道,从而巩固了香港离岸人民币中心的定位。

(六)沪港通制度与 QFII 和 QDII 的区别

沪港通制度是"沪港股票市场交易互联互通机制试点"的简称,是指上海证券交易所和香港联合交易所之间建立技术连接,使两地投资者通过当地证券公司或经纪商买卖规定范围内的对方交易所上市的股票;QFII(Qualified Foreign Institutional Investors)是"合格境外机构投资者"的简称,QFII 制度是指外国专业投资机构到境内投资的资格认定制度。作为一种过渡性制度安排,QFII 制度是在资本项目尚未完全开放的国家和地区,实现有序、稳妥开放证券市场的特殊通道;与 QFII 制度相对应的是合格境内机构投资者即 QDII(Qualified Domestic Institutional Investors),是指在人民币资本项下不可兑换、资本市场未开放条件下,经该国有关部门的批准,有计划地在本国境内设立允许境内机构投资境外资本市场的股票、债券等有价证券投资业务的一项制度安排。沪港通与 QFII、QDII 制度都是在我国资本账户尚未完全放开的背景下,为进一步丰富跨境投资方式,加强资本市场对外开放程度而作出的特殊安排。但是在具体的制度安排上,沪港通与 QFII、QDII 制度仍然存在一定的区别,详见表 2.2。

表 2.2　沪港通与 QFII、QDII 制度的区别

项目	沪港通制度	QFII、QDII 制度
业务载体	沪港通制度以沪港两地的交易为载体,互相建立起市场连接,并对订单进行路由,从而让投资者实现跨市场投资	QFII、QDII 制度以资产管理公司为载体,通过向投资者发行金融产品吸引投资
投资方向	沪港通制度包括两个投资方向,分别是内地投资者投资香港市场的港股通("南下"),以及香港投资者投资上交所市场的沪股通("北上")	QFII、QDII 制度都是单向的投资方式
交易货币	不论是内地投资者还是香港投资者,均以人民币进行投资	投资者以美元等外币进行投资

项目	沪港通制度	QFII、QDII 制度
跨境资金管理方式	对资金实施闭合路径管理,卖出股票获得的资金必须沿原路径返回,不能留存在当地市场	买卖证券的资金可以留存在当地市场

资料来源:Wind 资讯。

由以上对比可以发现,沪港通制度与 QFII、QDII 制度能够实现优势互补,沪港通制度的实施不会对 QFII、QDII 制度带来不利影响,也就是说沪港通制度的实施仍然能保证其他政策的顺利进行。沪港通制度各项业务开通的同时也为投资者进行跨境投资提供多种多样的灵活选择,为促进我国资本市场的双向开放发挥积极作用,因此沪港通制度势必会对我国内地股票市场产生一定程度的影响。

(七)沪港通制度的战略意义

2014 年以来,为适应国内外经济形势的新变化,我国资本市场必须加强对外开放程度,才能在新一轮经济大趋势中不被淘汰。我国香港作为国际金融中心之一,其股票市场发展成熟度较高,其金融市场中的金融衍生工具品种较多,且资本市场的开放程度较高,因此香港股票市场成为我国股票市场对外开放的首站。

首先,沪港通制度能够消除两地股票市场的制度壁垒、深化两地股票市场的交流合作、扩大两地投资者的投资渠道。由于投资者偏好以及上海和香港两地市场本身存在的差距,导致同时在上海股票市场和香港股票市场上市的公司在很长时间里一直出现沪市估值偏低的情况。沪港通制度的开通,为投资者在沪市和港市投资搭建了一个桥梁,使得投资者能够在双方股票市场进行自由交易。在未来的沪港通制度实施期间,其将为我国内地资本市场吸引国际资本市场中大量的流动资本,进一步激发我国内地资本市场的潜力,这有利于那些在上海股票市场和香港股票市场同时上市的公司在两地证券市场的股票市价差距缩小,有利于中国内地股市的良性运转,对两地资本市场健康发展起到了促进的作用。

其次,沪港通制度也能够巩固上海金融中心和香港金融中心的地位,一方面上海股票市场通过对接香港发达市场倒逼上海股票市场走向成熟,另一方面沪港通制度的实施能够将内地投资者引入香港股票市场,掀起香港股市的浪潮。沪港通制度的实施推动了上海股票市场的改革与发展,提升了上海股票市场在国际资本市场中的地位,对建设上海金融中心起到了至关重要的作用。同时,香港作为我国的一部分,它是继纽约、伦敦后世界第三大金融市场,也是我国最为熟悉的离岸市场,借助于香港资本市场,我国内地资本市场可以得到更好的渠道走向国际舞台。对香港资本市场而言,沪港通制度可以将更多的资金流入其中,使更多的人民币在香港资本市场中沉淀并充分利用,促进了香港资本市场的繁荣发展,同时稳固并提升了其在全球金融市场中的地位。

最后,沪港通制度能够促进人民币国际化的进程。人民币国际化必须实现人民币的流出与回流。自改革开放以来,我国实施了积极吸引外资的政策,导致我国内地资本市场的资金大量外流。现阶段我国政府需要吸引人民币回流,而促进人民币回流的一种渠道就是资本市场,也就是允许国外投资者买卖交易以人民币标价的有价证券,而沪港通制度恰好完美地满足了这一需求,与此同时,沪港通制度还能扩大离岸人民币资金池的规模。另外,沪港通制度把人民币作为结算货币,鼓励内地投资者持有人民币,提高人民币在国际资本市场上的地位,促进了人民币增值,也能够有效地减少和降低我国外汇储备所面临的外汇风险,有利于稳步实现中国内地资本市场的开放,同时与人民币国际化的目标创造出"1+1>2"的协同效应。

二、 沪港通制度的运行现状

沪港通制度首批公布的沪股通标的股票为 568 只,港股通标的股票为 268 只,不过在该制度的运行过程中,根据标的公司的经营状况等变化,两地

股票市场分别对沪股通标的股票和港股通标的股票做了一些调整。截至
2016 年 11 月 17 日,成为沪股通标的股票的上市公司已经达到 577 家,成为港
股通标的股票的香港上市公司已经达到 310 家。① 在分析沪港通运行现状
时,本章主要从运行情况、累计成交情况、资金流动情况、两市股价走势情况共
四个方面进行。

(一)沪港通的运行情况

首先,在沪港通总成交金额方面,图 2.2 是 2014 年 11 月 17 日至 2020 年
11 月 17 日的沪港通标的股票总成交金额变化趋势图,其中深色线为沪股通
标的股票总成交金额,浅色线为港股通标的股票总成交额。

图 2.2　沪股通与港股通标的的总成交金额趋势图

从趋势图不难看出,沪股通标的总成交金额普遍高于港股通标的总成交
金额,本书认为产生这种状况主要有两方面原因,一方面是相对于沪股通而
言,港股通的门槛较高,对投资者有限制,其个人账户的余额不得低于人民币
50 万元,而且买卖港股的交易成本费用较高,大部分投资者持观望态度;另一
方面是内地投资者的规模较小,而外资较为充足,国外投资者更倾向于投资 A
股市场。

港股通标的股票的总成交额基本维持在一个稳定的水平线上,波动较小,
但是沪股通标的股票的总成交额在 2015 年 6 月前处于一个较高的水平线上,

---

① 本小节的所有数据均来源于东方财富 Choice 数据库。

而 2015 年 6 月后,沪股通标的股票的总成交额则显著下降,虽然仍然高于港股通标的股票的总成交额,但整体上已经比之前有很大的回落。之所以产生这种现象,可能源于 2015 年 6 月前,中国内地股票市场处于牛市,上证指数一度冲到将近 5000 点,香港投资者在沪市进行投资能够获得超额收益,但是在此之后,上证指数急剧下行,因此香港投资者将部分资金从内地股市抽出。

其次,在沪港通买入笔数及卖出笔数方面,图 2.3 刻画了沪股通与港股通在 2014 年 11 月 17 日至 2020 年 11 月 17 日的买入笔数趋势图,图 2.4 刻画了沪股通与港股通在 2014 年 11 月 17 日至 2020 年 11 月 17 日的卖出笔数趋势图。深色线代表的是沪股通标的股票,浅色线表示的是港股通标的股票。从趋势图可以看出,无论是买入笔数还是卖出笔数,沪股通均大于港股通,这说明香港投资者对沪股通标的股票采取的是快进快出的交易手段,而内地投资者对港股通的投资热情显然低于香港投资者对沪股通的投资热情。之所以会产生以上现象,本书认为一方面是因为在香港证券市场的投资者基数比内地投资者大,而且内地投资者一般持观望态度;另一方面内地投资者投资港股通的限制条件较多、成本较高。因此,相对沪股通而言,港股通市场的交易就显得较为冷清。

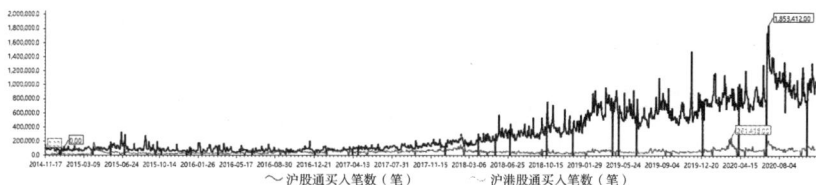

图 2.3 沪股通与港股通买入笔数趋势图

再次,在沪港通买入金额及卖出金额方面,图 2.5 是沪港通标的股票在 2014 年 11 月 17 日至 2020 年 11 月 17 日的买入金额趋势图,图 2.6 是沪港通标的股票在 2014 年 11 月 17 日至 2020 年 11 月 17 日的卖出金额趋势图。其中,深色线表示沪股通标的股票相关数据的趋势,浅色线表示港股通标的股票

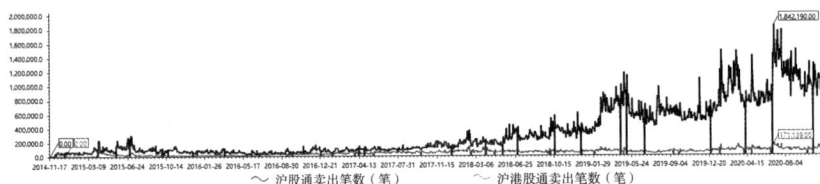

图 2.4　沪股通与港股通卖出笔数趋势图

相关数据的趋势。通过观察图 2.5 和图 2.6,整体上沪股通标的股票的买入金额和卖出金额明显高于港股通标的股票,同样能够看出香港投资者在沪市的活跃程度高于内地投资者在港市的活跃程度。另外,在趋势图中可以看出,沪股通标的股票的买入高峰主要集中于 2015 年 3 月至 6 月以及 2018 年 5 月至 2020 年 11 月,而卖出高峰主要集中于 2015 年 6 月至 7 月以及 2019 年 2 月至 2020 年 11 月,利用上证指数的暴涨暴跌能够清楚解释香港投资者的买卖行为。

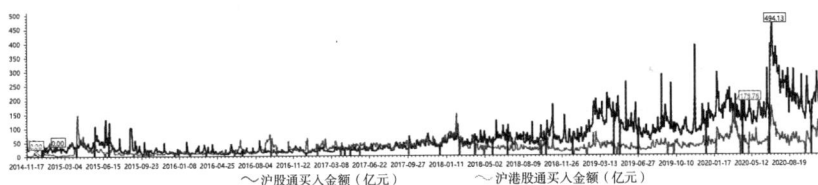

图 2.5　沪股通与港股通买入金额趋势图

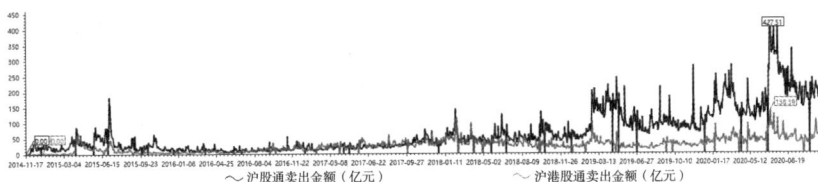

图 2.6　沪股通与港股通卖出金额趋势图

最后,在沪港通净买入额方面,图 2.7 是沪港通标的在 2014 年 11 月 17 日至 2020 年 11 月 17 日的净买入额趋势图。其中,沪股通净买入额是指沪股通标的股票的买入金额与卖出金额之差,用深色线表示;港股通净买入额是指港股通标的股票的买入金额与卖出金额之差,用浅色线表示。从趋势图可以看出,沪股通标的股票的最大净买入额135.91亿元出现在2020年2月3日,而最小净买入额-135.23亿元出现在2015年7月6日;而在这一阶段港股通相对于沪股通的净买入额波动幅度不大,在2020年3月19日达到了净买入额的最大值97.09亿元,2020年7月24日则达到了最小值-36.72亿元。

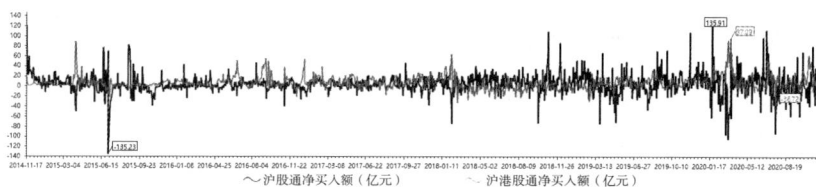

图2.7　沪股通与港股通净买入额趋势图

(二)沪港通的累计成交情况

表2.3是沪港通从2014年11月17日至2020年12月31日累计成交情况统计表。沪股通累计买入金额为105034.14亿元,累计卖出金额为98845.90亿元,累计标的总成交金额为2882543.90亿元;而这一阶段港股通累计买入金额为46653.57亿元,累计卖出金额为37092.27亿元,累计标的总成交金额为731524.27亿元。其中沪股通累计标的总成交金额相当于港股通累计标的总成交金额的4倍。

表2.3　沪港通的累计成交情况统计表

类型	沪股通	港股通
累计买入金额(亿元)	105034.14	46653.57
累计买入笔数(笔)	4906212.84	76674686

续表

类型	沪股通	港股通
累计卖出金额(亿元)	98845.90	37092.27
累计卖出笔数(笔)	496650003	64873581
累计净买入额(亿元)	6188.24	9561.30
累计标的总成交金额(亿元)	2882543.90	731524.27

注:以上数据的统计区间为2014年11月17日至2020年12月31日,而表中数据的来源皆为东方财富
Choice数据库。

　　通过上述关于沪股通和港股通运行情况和累计成交情况的分析,本书发现包括机构投资者在内的境外投资者在内地的投资行为表现出典型的内地投资者行为特征,即持股时间短、买卖频繁,尽管其持股仍然以大盘蓝筹为主,但其行为特征俨然由价值投资者变成了价值投机者,相反,内地投资者投资于港股市场反而有着类似香港机构投资者的行为,持股时间长,交易频率低,且集中于投资大盘蓝筹股。

　　这些特征到底是投资者结构差异还是市场环境使然? 本书认为,长期被业界和学术界诟病的内地投资者投资行为和投资理念,如短期化、投机性、炒小、炒新、炒壳等,未必是由于内地投资者结构以散户为主以及缺乏成熟的投资理念造成的。沪港两市投资者行为的差异与其说是投资者结构和投资理念的差异,倒不如说是由于两地市场制度环境和市场环境之间的差异造成的。两地投资者这种反常行为并非由于沪港通制度前后投资的标的股票有多大变化,因为近十年来香港股市市值60%以上为中资概念股,沪港通制度开通前后其投资标的总体差别不大,只是沪港通制度开通之后选择多了一些而已。这种投资者行为变化恰恰说明规则决定行为,市场环境和相应的制度结构同样也决定了投资者的行为,所以,过于强调投资者结构和投资理念并非有益于中国股市的发展,而加强制度建设、完善市场制度环境、提升市场监管水平对于当下我国股市应该更为重要。

第四节　对沪港通制度定位的理解

建立一个开放、成熟的股票市场是中国股市发展的目标,但这一过程不可能是一蹴而就,它需要多方面的改革和制度的不断完善,而沪港通制度就是我国股票市场对外开放进程中的关键一步。然而,要把沪港通制度发展好、利用好,就必须对沪港通制度的定位有一个正确的理解。事实上,早在沪港通制度实施之初中国证监会就已经明确将其确定为沪港两地市场互联互通机制的试点。之所以称之为试点,正是因为沪港通制度是一种全新的制度,没有太多经验可资利用,而且在实施过程中有可能存在很多不足,甚至错误,所以才需要试点。并且通过试点及时发现错误,及时完善制度。这就要求理论界、业界、监管部门对沪港通制度运行的状况、暴露的问题进行及时把握、及时分析和总结,从而使沪港通制度更好地为两地市场发展服务。

在本书看来,对沪港通制度定位的理解有几个方面必须注意:

首先,沪港通制度绝不能简单地理解成一个市场对另一个市场的资金支持,否则势必会导致某一市场成为对方市场的"唐僧肉"。它应该是通过互联互通促进两地市场共同的发展,尤其是对内地市场而言,通过这种机制能够将内地这个新兴特征明显的市场与相对成熟的市场进行连接,引入一个新的外部治理机制和约束机制,进而倒逼我国股票市场的各项制度建设,完善市场环境,加快内地市场向更加成熟市场的进程,并最终实现更好地发挥市场应有功能的长远目标,这才应该是沪港通制度真正的题中之意。

其次,不能将沪港通制度仅仅看成是引进成熟机构投资者、先进的投资理念、增加市场"活水"这么简单,而应该看到其背后一些更深层次的内容。制度决定行为,行为体现理念,因此,加强市场制度环境建设尤为重要,这一点在沪港通制度实施的这几年中已经有所表现。比如本书所指出的,包括机构投资者在内的境外投资者在内地的投资行为表现出典型的内地投资者行为特征,即持股时间短、买卖频繁,尽管其持股仍然以大盘蓝筹为主,但其行为特征俨然由价值投资者变成了价值投机者;相反,内地投资者投资于港股市场反而有着类似香港机构投资者的行为,持股时间长,交易频率低,且集中于投资大盘蓝筹股。这足以说明市场环境,尤其是制度环境的差异对投资行为的影响至关重要。

再次,要把对市场稳定和投资者保护放在首位。事实上,中国内地股票市场的投资者保护水平一直以来饱受诟病,而且政策出台也对市场稳定性关注不够。这方面的教训在股市对外开放中还不深刻,但在中国股票市场内部改革中此类事例不胜枚举。比如2015年之前的几年时间里,监管部门鼓励上市公司进行市值管理,鼓励杠杆融资,但2015年中期开始对杠杆配资突然来个急刹车,并由此导致了股市连续三次大的股灾。这恰恰说明股市的监管缺乏前瞻性、预见性以及预防性。对风险认识不足,对市场缺乏敬畏之心,而且也反映出监管层对金融稳定性的重要性认识不足。当下,在中国股票市场逐渐对外开放之际,必须把内地投资者保护和市场稳定性放在首位。如果没有投资者的积极参与,股市将成为无源之水、无本之木。

最后,盲目地将内地市场港股化视为市场发展方向是不利的。中国股市定价效率和资源配置效率较低是一个不争的事实,而香港股市的低估值和低市盈率也是客观现实。但我们必须看到,香港股市低估值和低市盈率有其内在原因。从经济结构上看,香港经济主要被房地产和金融业少数寡头占据,房租、地租极高,中小企业发展生存空间有限,创新性企业难以发展,尽管其具有非常好的人才基础、资金环境,但却几乎没有像百度、腾讯、阿里巴巴这样快速成长起来的高科技企业。同样,在股票市场上能保持持续盈利能力的除了中资概念股外,也主要是这些具有垄断地位的房地产企业和金融企业,而中小市值股票,尤其是其创业板由于缺少成长空间,持续盈利能力差,导致这些股票老千股充斥其间。在这种情况下,投资者选择持有大盘蓝筹股是其必然选择,但这不能简单地看成是投资理念成熟。此外,一个低估值和低市盈率也未必是一个良好的市场,如果内地市场也如此,那么大量的中小创企业,尤其是符合时代发展的创新型、战略性新兴产业将难以得到必要的资金支持,创新型国家的战略宏图何以实现。所以一味强调大盘蓝筹未必是好事,因为这些大盘蓝筹多集中于传统产业,而一味崇尚低估值的港股化也是不利的。

本章小结

本章首先对沪港通制度的研究成果进行综述时发现,关于沪港通制度经济后果的研究还非常有限,且过多地从理论上对沪港通制度的运行效果进行描述,而利用实证方法对沪港通制度实施效果的检验相对较少并且也未进行深入研究。因此,本书的研究可以从一定程度上填补沪港通制度研究文献的空白。其次,本章介绍了沪港通的实施背景,主要从沪港两市的差异、启动历程两方面进行介绍,便于对沪港通的初步理解。本章的最后介绍了沪港通从开通日(即 2014 年 11 月 17 日)到 2020 年 11 月 17 日的运行情况。通过对沪港通的细致分析可以看出,沪港通开通几年来主要表现为以下四个特征:第一,从沪港通的成交额上看,沪港通的交易并未产生如预期般火爆,每日的成交额均处于较低水平;第二,香港投资者在沪市的交易总额比内地投资者在香港股市的交易总额要多,沪港通总体上呈现出"北热南冷"格局,在对其进行深入思考时发现,沪港两地投资者的投资行为出现差异。以上这些直观现象不能不促使我们对沪港通制度的经济后果进行思考。因此,从下一章开始,本书将从沪港通实施前后沪港两地市场关系、市场反应和投资者预期变化、两地信息效率和信息传导变化、定价效率变化等深层次的问题进行考察,以期发现问题、剖析其背后的原因并提出相应的政策建议。

第三章　沪港通制度对沪港两市价格
联动关系的影响研究

本章导读

　　本章从两地股市相关性视角出发,考察沪港通对沪港股市联动关系的影响,并采用 DCC-GARCH 模型分别测度沪港通制度实施前后市场间相关系数的变化,从而考察沪港通制度的实施对沪港两市价格联动关系的真实影响。本章结构安排如下:第一部分为沪港通制度对沪港两市价格联动性的影响;第二部分对国内外有关市场分割或市场一体化的文献进行归纳和总结,并在此基础上提出本章与前人研究的不同之处;第三部分是研究思路和检验方法的介绍;第四部分是本书的实证分析,包括样本选择与数据处理、描述性分析以及实证结果与分析;第五部分是进一步分析,主要分析沪港通制度并未提高两地股市一体化的原因;最后为研究结论与启示。

第一节　沪港通制度对沪港两市
价格联动性的影响

　　市场分割与市场一体化是相对应的概念,对于商品市场而言,如果市场间彼此分割程度较为严重,那么一些能够增进人们福利水平的交易就难以达成,市场经济的效率就会大打折扣。而对金融市场尤其是股票市场而言,也存在同样的问题。如果市场分割,比如某个市场相对封闭,则该市场的投资者对外投资不仅受限,而且外部投资者对该市场内的证券投资也会受到限制,由此就会形成一个条件化市场风险(conditional market risk)。条件化市场风险是指受限制证券由于不能被受限制投资者所持有,因此,该类证券不能通过投资者的分散化投资分散一部分风险,这个风险即为条件化市场风险。由于受限制证券要面临一个额外的条件化市场风险,投资者自然会要求一个额外的收益率加以补偿其所承担的此部分风险,以使其收益与风险对称。所以,如果一国市场是分割的,外国投资者难以参与其中,其证券定价只能是国内标准而不是国际标准,由于风险不能被有效分散,处在分割市场上的投资者会要求更高的风险溢价,从而引起企业资本成本的提高,企业利用股票市场的融资效率就会降低,这就是埃伦扎和洛斯克(Errunza 和 Losq,1985)提出的世界资本市场著名的"温和分割"(Mild Segmentation)理论的主要内容。事实上,在此之前,就不同市场的分割状态而言,史泰朱(Stehle,1977)曾指出,世界各主要资本市场之间既拒绝完全分割也拒绝完全一体化,这实际上与"温和分割"具有相同的含义,只是这期间的研究还没有上升到讨论市场分割情况下资产定价问题而已。

至于股票市场分割产出的原因,索尔尼克(Solnik,1977)认为,不同国家股票市场之所以分割,主要是由于市场间存在着股票投资限制、所有权限制、市场之间的物理差异等客观因素,以及由于信息不对称、流动性差异、投资者偏好等主观因素,这些因素导致了证券市场事实上处于一种分割状态。由此可见,导致市场分割的因素除了地域等物理因素外,制度障碍是一个重要的原因。而随着现代通信手段的快速发展,地理因素的障碍已经被极大地弱化了,由此制度性壁垒则更为关键。此外,市场分割与市场封闭有着类似的含义,市场分割或市场封闭程度往往与市场的发展水平和市场竞争力相关,股票市场分割与商品市场以及要素市场的分割一样,在市场的发展初期任何国家都会采取一些限制性保护措施,以保证市场的平稳发展,避免受到外界的冲击和干扰,由此便产生了市场分割的状况,但当市场逐渐发展成熟和竞争力提高之后,则又会因为希望扩大市场规模、提高市场活跃程度以及市场定价效率而逐渐放松管制,消除制度壁垒,从而提升市场自由化和一体化程度。从这层意思上说,由市场分割向市场一体化演变的过程通常是与新兴市场向成熟市场渐进发展相伴而生。中国股票市场发展也同样如此,在20世纪90年代创立之初,限于意识形态差异、国有控股地位、监管的法律法规还不完善、市场投资者还不成熟等诸多方面的考虑,境外投资者是不允许在我国A股市场投资的,此后,B股市场创立时,也只允许该市场被境外投资者用美元和港元进行投资,而内地投资者则不被允许。但经过十年的快速发展后,中国A股市场开始逐渐向境外合格机构投资者(QFII)开放,并推出了QDII,而B股市场也允许内地投资者进行投资。这些管制的放松既是提升我国股票市场国际化进程的一个重要方面,也是降低市场分割程度或提高市场间一体化程度的制度安排。而与此同时,许多中资企业选择在内地和香港两市交叉上市,实际上也是在跨越市场分割的一种方式,使得内地股市与香港股市的关联程度和一体化程度有了很好的提升。

应该看到,中国股市从建立之初到发展至今的短短三十年的时间,不论是上市公司数量、投融资规模以及市场国际化进程等诸多方面都取得了飞跃的发展,这是一个令世界瞩目的巨大成就。不过,市场定价效率低下、股票价格虚高、IPO溢价过大、资源配置效率低、监管滞后、投资者成熟程度欠佳等诸多问题又是一个不争的事实。因此,包括IPO制度改革、监管体系改革以及投资理念转变等方面的讨论一直不绝于耳。但通过扩大市场开放程度,逐步实现互通互联,并以此降低内地市场与外部市场的分割程度、加快国际化发展进程的思路已经上升到实践层面,证券监管部门于2014年11月17日正式推出的沪港通制度便是一个重要的标志。这一制度的推出目的十分明确:选择与内地联系更为紧密、地缘更为接近、语言文化相通、市场更加成熟的香港股票市场,在一定范围内首先实现区域互通互联。即选择两市的一些标的股票,允许投资者相互进行投资,进而促进两地市场在多个层次的合作交流。尽管沪港通制度的实施有多重目标,但从理论上讲,这种制度安排其本质就是降低内地股市与外部市场的分割程度,提高一体化水平,并借此提升市场的定价效率和资源配置效率。然而,在沪港通实施的七年多时间里,从直观上看,其效果还不明显,而我们利用 2012 年 11 月 17 日至 2016 年 11 月 17 日沪股通和港股通的数据的实证研究则发现,在沪港通制度推出前后的两个时间段,两市价格引导关系以及时变相关系数等均没有显著的提升,反而略微下降,即两市股价走势背离情况增加,说明两地市场分割程度并没有降低,而是有所提高。在进一步研究中,本书发现产生这种现象的直接原因是沪港通开通后,两地间市场的资金流动呈现出一种非对称的流动现象,由此形成了内地市场净流出的失血状况。但更深层的原因则是,两地市场之间的发展水平还存在着较大的差异,内地市场是典型的新兴市场,而香港股市则是一个经过相对充分的自由竞争之后发展起来的更加成熟市场,在股票估值方面更有优势,所以造成了内地市场资金净流出的局面。但这种净流出现象虽然有可能会使内地股市估值水平趋于合理,但也会给内地股市的平稳带来一定的冲击,并会带来内地市场投资回报率降低和市场活跃度下降的问题,影响内地市场的发展。仅仅依靠制度壁垒的消除,很难达到降低内地市场与国际市场发展水平的差异,因此,切实完善自身市场的制度建设和投资者保护虽然任重道远,但却是合理的选择。

　　本章的贡献之处在于:第一,对沪港两市联动关系进行多层次研究,不同于胡永宏等(2015)、方艳等(2016)相对单一的研究方法,本章利用 Johansen 协整检验、格兰杰因果关系检验、动态相关系数检验(DCC-MVGARCH 模型)对沪港两市关系进行检验,使得研究结果更加稳健。第二,拓展了沪港通制度实施效果的相关研究。目前学术界对沪港通的研究主要集中在沪港通的定性分析上(巴曙松等,2014;吕江林等,2016),本书尝试考察沪港通对沪港两市价格联动关系的影响,丰富了沪港通制度实施的经济效果研究。第三,本书研究证实,虽然沪港通开通后两地市场出现了长期稳定的均衡关系,但两市价格引导关系以及时变相关系数等均没有显著的提升,甚至略微下降,这表明两市一体化程度并没有提高,市场分割程度也没有降低,同时也说明市场发展水平差距较大以及其他约束条件存在的情况下,仅仅依靠消除两地制度壁垒,很难达到理想效果,而对当下两市走势稍许背离的最直接原因则主要是沪港两市资金非对称流动造成的,这一研究结论有助于政府和学术界更加准确地理解沪港通制度的实施效果。

第二节　股票市场一体化与股票市场分割的相关研究

　　不论是制度障碍消除还是其他限制壁垒的消除,如果有影响,则只能通过影响人们的预期、投资决策和行为、贸易行为来实现,但这些并不易于观察,一个更为直观的考察方式则是对两地市场资产价格的关联性和协同性的度量。因为按照金融风险传染理论,市场间资产价格的关联程度和协同性运动的内在原因正是这些因素作用的表象。比如投资行为对市场间一体化的影响,斯图尔兹(R.,Stulz,1981)指出,假定投资者是完全理性的,如果两个国家(或地区)的金融市场是完全开放的,套利者的存在必然引起股票市场之间收益的趋同,从而使得两个国家(或地区)的经济一体化。此外,麦奎因和劳里(McQueen 和 Roley,1993)则认为股票市场的全球化使得经济基本面之间存在联动性,因此一国的宏观经济政策的实施会对本国和外国上市公司的资金成本以及收益率等产生影响,并进而影响两个国家(或地区)股票收益率的关联水平。而赫里茨和于斯(Gerrits 和 Yuce,1999)的研究表明,国际贸易的快速发展以及各国政府的通力合作使得全球的资金、商品、金融服务等流通得越来越顺畅,使得全球股票市场面临日渐相似的基本面,从而使得全球股票市场的联动性越来越强,全球经济一体化趋势越发明显。福布斯和金(Forbes 和

Chinn,2003)对五个主要的股票市场进行联动关系检验,他们从国际贸易和对外投资两个方面出发,研究结果显示,贸易机制是影响股票市场联动性的主要原因,而投资机制对股票市场联动性的影响较弱。曼泰西等(Contessi 等,2010)对欧洲各国的股票市场进行了研究,他们发现欧元的引入以及欧洲各国趋同的经济结构使得欧洲各国股票市场的相关性越来越强,欧洲一体化趋势显著。

针对我国股市一体化与股票市场分割的研究,吴世农和潘越(2005)的研究指出一国的重大政策事件会影响本国股票市场之间或者本国与其他国家股票市场之间的联动关系,他们还通过实证方法检验了内地 B 股的开放以及东南亚经济危机等事件对我国内地股票市场和香港股票市场联动关系的影响。董秀良和吴仁水(2008)利用 DCC-MGGARCH 模型对我国 A 股和 B 股市场的相关性进行检验,他们以 B 股对境内投资者开放为事件点,研究结果显示 A 股和 B 股市场的相关系数明显增强,两个市场之间的一体化趋势明显。石建勋和吴平(2008)以股权分置改革事件为转折点,分析了我国内地股市与香港股市的协整关系,从而得出两地股市的一体化趋势日渐明显。张兵等(2010)认为"经济基础假说"能够解释股票市场联动的传导机制,他们通过对中美股票市场的联动性研究,得出在 QDII 实施之后,两国的联动性不断增强。张昭等(2014)利用格兰杰因果关系检验方法分析了沪港通制度的开启对内地和香港两地股票市场的影响,结果显示沪港通制度确实加强了沪港两个股票市场的联动性,从而提升我国内地股票市场的国际化程度。

第三节　研究思路与检验方法

本章对沪港通制度之于沪市和香港股市的区域市场分割程度或一体化影响的研究仍然采用市场间协同性关系和关联性进行考察,具体选择的检验方法为:

一、 Johansen 协整检验

关于协同性的检验我们选择 Johansen 协整检验,以检验两地市场在沪港通开通前后两个阶段市场之间长期稳定的均衡关系及其变化,从而对两市的协同关系做一总体考察。因为从内在作用机理上看,两地市场间存在着一些共同的标的资产,如同一家公司在沪港两地均挂牌的交叉上市企业,这类股票尽管价格表现不同,但其价格的变动终究要受制于其共同的内在价值制约,由此两地市场存在一定的内在均衡机制。此外 QFII 和 QDII 基于股票的比价效应的投资行为也会提升这种协同效应。再者,沪港通开通后,从理论上讲,这种效应会得到进一步加强。

下面对 Johansen 协整检验做一具体介绍:

协整检验是用来分析多个单位根变量之间由于某种经济力量而存在“长期均衡关系”的检验方法。对于非平稳时间序列的协整分析,目前主要有两种方法:一种是基于回归的残差序列进行检验的 EG 两步法,另一种是基于回归系数的 Johansen 协整检验。由于 EG 检验法最多只能判断多个变量存在的一个协整关系,不能处理同时存在多个协整关系的情形,因此本章使用 Johansen 协整检验,不仅能够确定变量之间是否存在协整关系,还能检验协整关系的个数。

Johansen 协整检验法是在变量进行单位根检验的基础上,建立一个向量自回归 VAR 模型,然后利用极大似然估计法对变量之间的协整关系进行参数估计。Johansen 协整检验的重要工作之一就是通过迹检验和特征根检验,确定协整的阶数。

简洁起见,考虑一组 $QUOTEI(1)I(1)$ 变量,共有 n 个 $QUOTEn \geqslant 2(n \geqslant 2)$,这些变量可能存在协整关系,$Y$ 表示 $n \times 1$ 向量,那么这些变量的 P 阶滞后项的矢量自回归模型 VAR 为:

$$y_t = \alpha_1 y_{t-1} + \alpha_2 y_{t-2} + \cdots + \alpha_p y_{t-p} + \varepsilon_t \tag{3-1}$$

为了运用 Johansen 协整检验方法,将上述 VAR 模型写成以下 VEC 形式:

$$\Delta y_t = \rho\, y_{t-1} + \sum_{i=1}^{p-1} \Phi_i \Delta\, y_{t-i} + \varepsilon_t \qquad (3-2)$$

Δy_t 和 y_{t-1} 分别对 $[\Delta y_{t-1}; \Delta y_{t-2}; \cdots; \Delta y_{t-p+1}]$ 回归的残差记为 r_{0t} 和 r_{1t},定义:

$$S_{ij} = \frac{1}{T} \sum_{t=1}^{T} r_{it}\, r_{it}' \quad i,j = 0,1 \qquad (3-3)$$

Johansen 协整检验的核心是求解如下的广义特征根问题:

$$\left| \lambda\, S_{11} - S_{10}\, S_{00}^{-1}\, S_{01} \right| = 0 \qquad (3-4)$$

其中:

$$1 > \lambda_1 > \lambda_2 > \cdots > \lambda_M > 0$$

基于这些特征根,有如下两个似然比检验:

(1)迹检验(trace):原假设有 C 个协整关系,备择假设为有 M 个协整关系,备择假设即 y_t 的每个变量都为 $I(0)$,迹检验的统计量为

$$LR_{TR}(C) = -T \sum_{i=C+1}^{M} \log(1 - \lambda_i)\ , C = 0,1,2,\cdots,M-1 \qquad (3-5)$$

其中 λ_i 是第 i 大特征根。

(2)最大特征根检验:原假设下协整阶数为 C,备择假设下则为 C+1

$$LR_{EIG}(C) = -T\log(1 - \lambda_{C+1}) = LR_{TR}(C) - LR_{TR}(C+1) \qquad (3-6)$$

在无时间趋势、线性和二次趋势三种情况下,Johansen 协整检验可分为五个模型。然而到底哪种模型更适合本章的研究,借鉴 Nieh 和 Lee(2001)的研究,对五个模型分别做检验,而检验结果最先接受原假设的模型被视为最适合模型。

二、 因果关系检验

该方法虽然并不复杂,但却是检验经济变量之间关联性的重要手段。对于沪市和香港股市而言,由于其内在的关联因素较多,而且市场定价效率存在

一定的差异,因此,从理论上讲两地市场的股价理应存在某种引领关系,这种引领关系恰恰是市场信息效率或定价效率的直观表现,因为已有的研究已经表明,股票价格对信息反应的差异正是引领关系的根本原因(Mech,1993; Hameed,1997),而恩和萨波维洋(Eun 和 Sabherwal,2003)则更加明确地指出,在引领关系中居引导地位的金融市场和金融工具具有更强的价格发现功能。在本书中我们不仅利用格兰杰因果关系对沪港通制度推出前后的市场间关联性进行考察,还可以对两市的引领关系进行考察。

下面对格兰杰因果关系检验做一具体介绍:

经济学中常常需要确定因果关系究竟是从 x 到 y,还是从 y 到 x,抑或双向因果关系。格兰杰(Granger,1969)探讨了预测意义上的因果关系,如果 x 是 y 的因,但 y 不是 x 的因,则 x 的过去值可以帮助预测 y 的未来值,但 y 的过去值却不能帮助预测 x 的未来值。因此,本章利用格兰杰因果关系检验对内地与香港股票市场之间关系进行分析,并判断内地与香港股票市场之间的因果关系究竟是由哪个股票市场主导。

考虑一下时间序列模型:

$$y_t = \gamma + \sum_{m=1}^{p} \alpha_m y_{t-m} + \sum_{m=1}^{p} \beta_m x_{t-m} + e_t \qquad (3-7)$$

其中,滞后阶数 p 可根据"信息准则"或"由大到小的序贯 t 规则"来确定。检验原假设"$H_0:\beta_1=\cdots=\beta_p=0$",即 x 的过去值对预测 y 的未来值没有帮助。如果拒绝 H_0,则称 x 是 y 的"格兰杰因"。

三、 动态相关关系检验

目的是对两地市场的相关性的时变特征进行把握。目前,刻画金融资产之间动态相关性的方法主要有三种:滚动窗口相关法、指数加权移动平均法及多元 GARCH 方法。鉴于前两种方法存在着很多局限性和不足,因此,本书将利用恩格尔和谢帕德(Engle 和 Sheppard,2002)两位学者提出的动态条件相关系数 DCC-MGARCH 模型,该模型在克服滚动窗口相关方法和指数加权移动平均方法缺陷的基础上先估计出时变的方差—协方差矩阵,然后再对方差—协方差矩阵进行分解从而得到相关系数估计,进而考察变量间非线性的时变相关程度。

动态相关系数检验时使用的 DCC-MGARCH 模型相对复杂,有必要做一些说明:

DCC-MGARCH 模型是在 CCC-MGARCH 模型(常数条件相关系数)的基础上提出的,CCC-MGARCH 模型为

$$H_t = D_t R D_t$$

其中 R 为相关系数矩阵

$$D_t = \begin{bmatrix} \sqrt{h_{t1}} & & & \\ & \sqrt{h_{t2}} & & \\ & & \ddots & \\ & & & \sqrt{h_{tN}} \end{bmatrix} \quad h_t = \begin{bmatrix} h_{t1} \\ h_{t2} \\ \vdots \\ h_{tN} \end{bmatrix} \quad R = \begin{bmatrix} 1 & \rho_{12} & \cdots & \rho_{1N} \\ \rho_{12} & 1 & \cdots & \rho_{2N} \\ \vdots & \vdots & \ddots & \vdots \\ \rho_{N1} & \rho_{N2} & \cdots & 1 \end{bmatrix}$$

且 h_{tn} 采用单变量 GARCH 分别建模

$$h_{tn} = \omega_n + \alpha_n e_{t-1,n}^2 + \beta_n h_{t-1,n}, n = 1, 2, \cdots, N \tag{3-8}$$

因此,CCC-MGARCH 模型的标量形式为

$$h_{tij} = \rho_{ij} \sqrt{h_{ti} h_{tj}} \quad i, j = 1, 2, \cdots, N \tag{3-9}$$

CCC-MGARCH 模型优点在于计算量较小,因为该模型在每次迭代过程中 R 的逆阵都只计算一次。然而现实中的股票市场时间序列的条件相关系数往往都是时变的,那么相关系数为常数的 CCC-MGARCH 模型就显得脱离实际。因此,恩格尔和谢帕德(Engle 和 Sheppard,2002)将 CCC-MGARCH 模型中的 R 修改为时变的,便得到 DCC-MGARCH 模型:

$$H_t = D_t R_t D_t \qquad\qquad (3-10)$$

其中：

$$R_t = Q_t^{*-1} Q_t Q_t^{*-1}$$

恩格尔和谢帕德(2002)将 Q_t 设定为目标方差的形式

$$Q_t = (1 - a - b) R + a\, e_{t-1}\, e_{t-1}^{'} + b Q_{t-1} \qquad\qquad (3-11)$$

其中 R 为标准残差 z_t 的无条件相关矩阵,a 和 b 为参数。恩格尔和谢帕德 (2002)的设定仅比 CCC-MGARCH 模型增加两个参数,但要求相关系数服从同一动态结构。因此,DCC-MGARCH 模型可以通过两个步骤进行估计,首先为波动部分,将每个金融资产进行单变量 GARCH 估计,然后将标准残差 z_t 利用极大似然法估计出动态相关参数,从而得出 DCC 估计量的一致性和渐进正态性。

该模型的优点在于 DCC 模型的计算过程采用的是两步估计法,在计算过程中对参数的估计能够独立于相关序列的数目,能够较容易地对多变量的大型相关矩阵进行估计,具有明显的计算优势。

第四节　沪港通制度对两市间分割程度或一体化影响的实证分析

一、 样本选择与数据处理

选取上证综合指数和香港恒生指数服务公司编制的恒生指数作为上海 A 股市场和香港股市的代表性指数,指数收盘价数据均来自 Wind 数据库,数据时间跨度为 2012 年 11 月 17 日至 2016 年 11 月 17 日,以 2014 年 11 月 17 日中国证监会宣布"沪港通"为标志事件,将其分为两个时间段:沪港通前,2012 年 11 月 17 日至 2014 年 11 月 16 日;沪港通后,2014 年 11 月 17 日至 2016 年 11 月 17 日。由于香港和上海股市的开市时间和休市时间存在差异以及两地的节假日时间并不完全相同,为了时间序列组的一致,我们首先将同一日期两市的交易数据对齐,而对于某一指数序列因为节假日等休市存在缺失数据的情况,我们采取用其停牌前最近一个交易日的数据,把缺失的数据补齐,这一点尤为重要,许多研究通过删除数据的方法来对齐数据的做法是完全错误的。通过收盘指数对数的一阶差分我们得到指数的收益率(单位为%)序列作为实证研究的样本数据,最终得到的总样本数据为 2020 个,沪港通制度开通前的样本数据为 1004 个,沪港通制度开通后的样本数据为 1016 个。实证部分均在 Eviews8.0 和 Matlab7.0 软件中完成。

二、 描述性统计分析

为了考察沪港股市的指数收益率及其波动特征,图 3.1(a)、图 3.1(b)和图 3.2(a)、图 3.2(b)分别给出了上证综合指数和香港恒生指数经对数差分之后得到的各自收益率序列和收益率平方序列图,收益率序列表示的是股价收益率围绕均值水平的双向变动,收益率平方序列分别表示指数收益率围绕均值水平的单向波动。

通过对比可以发现,无论是沪市还是香港股票市场的指数收益率及其平方序列均出现了多个异常的收益率峰值,大的波动伴随大的波动,小的波动伴随小的波动,这种典型的聚类现象正是条件异方差的迹象,表明这些序列中出现的扰动不是白噪声过程。此外,对比还可以发现,沪股较为频繁,而且波动程度更大,持续时间更长。而且,对比收益率平方序列还有一个有趣的现象值得注意,在沪市收益率平方序列中几个大的异常分别出现在 2014 年 11 月至 2015 年 1 月末、2015 年 3 月至 2015 年 8 月末、2016 年 1 月至 2016 年 3 月下旬,这三个时间段分别对应的是内地股市暴涨之后调整、暴涨之后连续的两次股灾、熔断机制引致的第三次股灾。这三个阶段香港股市也出现了相对较大的波动,尤其第二个时间段,这表明两市具有某种程度的联动现象,这也是金融风险传染的一个特征,也说明两市波动之间存在一定的溢出效应。

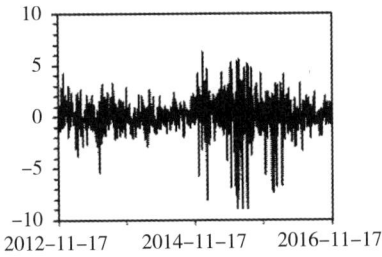

图 3.1(a)上证综指收益率序列

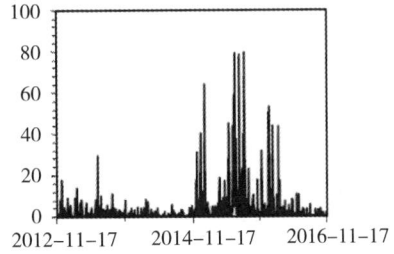

图 3.1(b)上证综指收益率平方序列

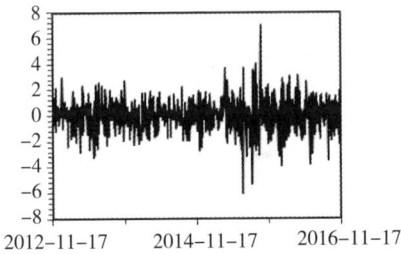

图 3.2(a)恒生指数收益率序列

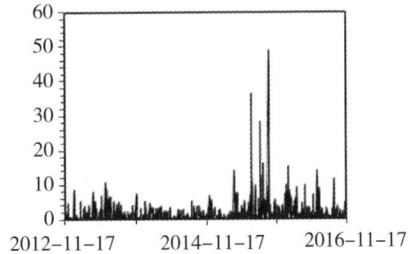

图 3.2(b)恒生指数收益率平方序列

表 3.1 中进一步给出了上海股票市场指数收益率和香港股票市场指数收益率的基本统计描述。

表 3.1 描述性统计特征

统计量	$R_{1,t}$	$R_{2,t}$
均值	0.0461	0.0048
中位数	0.0508	0
最大值	5.6036	4.0211
最小值	-8.8729	-6.0183
标准差	1.6233	1.0887
偏度	-1.1600	-0.2737
峰度	8.9500	5.3439
$Q(5)$	19.9060 [***]	5.2940

统计量	$R_{1,t}$	$R_{2,t}$
$Q(10)$	35.0250 ***	15.9690 *
$Q^2(5)$	266.2600 ***	71.2920 ***
$Q^2(10)$	357.0200 ***	97.487 ***
Jarque-Bera 检验	1716.3870 ***	243.8090 ***

注:* 表示在10%水平下显著,** 表示在5%水平下显著,*** 表示在1%水平下显著,$R_{1,t}$表示上海股票市场指数收益率,$R_{2,t}$表示香港股票市场指数收益率。

其中,Jarque-Bera 统计量结果显示,在1%显著水平下,上海和香港股票市场的指数收益率都显著异于正态分布,由标准差可以看出,上海股票市场的离散程度要强于香港股票市场,由于两组样本峰度均大于3,序列分布呈现"高瘦"形状。另外,根据 $Q(5)$ 和 $Q(10)$ 的结果显示,在1%显著水平下,上海股票市场指数收益率均具有显著自相关现象,而香港股票市场只有在10%水平下 $Q(10)$ 是显著的。$Q^2(5)$ 和 $Q^2(10)$ 的结果表明两个市场的指数收益率平方序列均具有显著自相关现象,亦即各自市场的波动具有自相关关系,适合用 GARCH 类模型刻画,而且与图 3.1(a)、图 3.1(b)、图 3.2(a)和图 3.2(b)得出波动聚类判断基本一致。

三、 实证研究结果与分析

(一)平稳性检验

分别对上证指数与香港恒生指数做单位根检验,如表 3.2 结果显示,上证指数和恒生指数序列的 ADF 统计量和 PP 统计量都大于10%水平临界值,因此两个指数序列都是不平稳的。而对上证指数收益率序列和恒生指数收益率序列进行单位根检验,ADF 统计量和 PP 统计量都小于1%水平临界值,因此两市指数收益率序列均是平稳的,对指数收益率序列直接建立模型不会出现伪回归问题。

表 3.2　平稳性检验

	上证指数	恒生指数	$R_{1,t}$	$R_{2,t}$
ADF 统计量	−1.5482	−2.2926	−29.6179***	−30.3876***
PP 统计量	−1.4527	−2.3536	−29.5728***	−30.3876***
1%水平临界值	−3.4366	−3.4366	−3.4366	−3.4366
10%水平临界值	−2.5682	−2.5682	−2.5682	−2.5682
平稳性检验结果	不平稳	不平稳	平稳	平稳

注:* 表示在 10%水平下显著, ** 表示在 5%水平下显著, *** 表示在 1%水平下显著。

(二)Johansen 协整检验

在平稳性检验的基础上,本章利用 Johansen 协整检验来考察沪港股市指数序列之间的长期均衡关系。在进行 Johansen 协整检验时,为了考察沪港制度通实施前后两地协整关系的变化,本章分别对开通前和开通后进行检验,根据 Pantula 原则,本章选择序列有确定性线性趋势但协整方程只有截距的模型对上证指数和恒生指数进行 Johansen 协整检验,如表 3.3 所示,沪港通制度开通前,原假设 $r = 0$ 表示没有协整关系,该假设下计算的迹统计量值为14.9185,小于临界值 15.4947,且在 10%水平下不显著,可以接受原假设,即在沪港通制度开通前,上证指数和恒生指数不存在协整关系。在沪港通制度开通后,原假设 $r = 0$ 仍然表示没有协整关系,该假设下计算的迹统计量值为16.3380,大于临界值 15.4947,且在 5%水平下显著,可以拒绝原假设,认为至少存在一个协整关系,下一个原假设 $r = 1$ 表示至少存在一个协整关系,在该假设下计算的迹统计量值为 2.3628,小于临界值 3.8415,且在 10%水平下不显著,可以接受原假设,这说明在沪港通制度开通后,上证指数和恒生指数存在一个协整关系。综合沪港通制度开通前和沪港通制度开通后两个阶段沪港股市指数序列的协整关系的变化,可以得出,沪港通制度的实施使得沪港股市之间存在长期均衡关系。

表 3.3　Johansen 协整检验结果

阶段	原假设	迹统计量	5%临界值	最大特征根统计量	5%临界值	是否拒绝原假设
沪港通制度开通前	$r=0$	14.9185	15.4947	9.7681	14.2646	接受
	$r=1$	5.1504 **	3.8415	5.1504 **	3.8415	拒绝
沪港通制度开通后	$r=0$	16.3380 **	15.4947	13.9752 *	14.2646	拒绝
	$r=1$	2.3628	3.8415	2.3628	3.8415	接受

注：* 表示在 10%水平下显著，** 表示在 5%水平下显著，*** 表示在 1%水平下显著。

（三）格兰杰因果关系检验

前文的 Johansen 协整检验结果表明沪港股市指数收益率序列之间存在长期稳定的均衡关系，但是这种均衡关系是否构成因果关系，还需要进一步检验。本书采用格兰杰提出的因果关系检验方法对上海股票市场和香港股票市场之间的因果关系进行检验。

格兰杰因果关系检验是利用计量经济学和统计技术来检验两个变量之间的因果关系的方法，主要用来对各个股票市场收益率之间的联动性来进行判断，同时检验出联动性究竟是由哪个股票市场主导。本书通过格兰杰因果关系检验上海和香港股市短期的价格引导关系（见表 3.4）。由于格兰杰因果检验对滞后阶数很敏感，为了确保结果的稳健性，在研究的过程列出了滞后期 1—5 阶的所有检验结果，以 AIC、SC 准则最小的滞后阶数为准，同时参考其他的滞后阶数下的检验结果。

从表 3.4 可以看出，在沪港通制度实施之前，上海和香港股票市场的收益率没有任何显著的格兰杰因果关系，相伴概率比较高。但是沪港通制度实施之后，虽然其相伴概率均大幅下降，但两地股市收益率的格兰杰因果关系并不显著。因此，本章无法得出上海股票市场和香港股票市场之间存在价格引导关系。

表 3.4　沪港股票市场的格兰杰因果关系检验

原假设	滞后期	沪港通开通前		沪港通开通后	
		F 值	P 值	F 值	P 值
香港股票收益率不是上海股票收益率的格兰杰原因	1	0.0232	0.8789	2.3116	0.1290
	2	0.0185	0.9817	1.9647	0.1413
	3	0.0911	0.9650	1.2591	0.2878
	4	0.0749	0.9898	0.9277	0.2356
	5	0.1212	0.9877	0.9447	0.4516
上海股票收益率不是香港股票收益率的格兰杰原因	1	0.2498	0.6174	0.1290	0.2636
	2	0.1744	0.8400	1.3397	0.2629
	3	0.1145	0.9516	1.1594	0.3247
	4	0.1788	0.9493	0.9037	0.4615
	5	0.4233	0.8325	1.5798	0.1641

（四）动态相关系数检验

利用动态条件相关多元 GARCH 模型对上海和香港股市的指数收益率的相关性进行检验。重点考察整个样本期以及沪港通制度出台前后两市相关性的动态变化特征。首先,设定上海股票市场收益率序列的条件方差为 $GARCH(1,1)$ 形式,模型阶数为 1,设定香港股票市场收益率序列的条件方差也为 $GARCH(1,1)$ 形式,模型阶数同样为 1,然后对模型中的各参数进行估计,最终得到上海和香港股票市场间动态条件相关系数的走势图(见图 3.3)。

根据图 3.3 的沪港股市动态条件相关系数图可以发现:在整个样本期间,沪港股市的时变相关系数一直维持在 0.5 上下波动,并没有随着时间的推移而产生明显变化,即时变性特征并不显著。而且对照沪港通制度开通前后两个样本期,沪港通制度开通后,相关系数并没有表现出明显的上升或下降趋势,而是与沪港通制度开通前基本一致。但是沪港通制度开通后,两市的相关

系数的波动幅度明显上升,沪港股市相关系数的稳定性有所下降,尤其在
2015年3月至2015年8月末,以及2016年1月至2016年3月这两个时间
段,两地股市动态相关系数的波动区间非常大,这可能是由于这期间,我国股
市正处于由暴涨转为暴跌、熔断机制的实施导致的股市暴跌,并且从前文的描
述性统计分析可以看出,在以上两个阶段上海股票市场指数收益率的大幅度
变化,与此同时,香港股市也出现了较大幅度的变化,由此导致了沪港股市指
数收益率的动态相关系数的大幅波动。

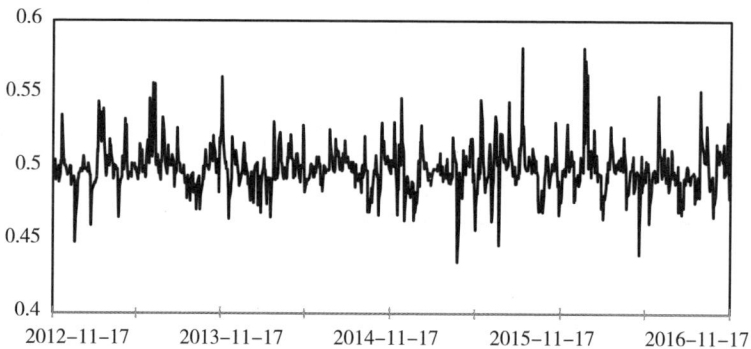

图3.3 上海和香港股票市场间动态条件相关系数

此外,本章进一步以2014年11月17日沪港通制度正式开通为分界点,
对沪港股市动态条件相关系数进行了统计分析(见表3.5)。

动态条件相关系数是股票市场运动趋同程度的重要指标。如果两个(或
多个)股票市场的动态条件相关系数高,那么它们的运动趋同程度就大,股票
市场趋向于一体化状态;如果两个(或多个)股票市场的动态条件相关系数
低,那么它们的运动趋同程度就小,股票市场趋向于分割状态。从表3.5可以
看出,沪港通制度开通之后上海和香港动态相关系数并没有提高,反而略有所
下降,均值从0.5001下降到0.4984,但是波动范围却有了显著上升,标准差
从0.0137上升到0.0169,因此,沪港通制度的开通并没有促进内地和香港股
市的一体化,反而进一步分割两地市场。

表 3.5 沪港股票市场动态条件相关系数基本统计分析

	沪港通制度开通前 2012. 11. 17— 2014. 11. 17	沪港通制度开通后 2014. 11. 18— 2016. 11. 17	全样本 2012. 11. 17— 2016. 11. 17
均值	0.5001	0.4984	0.4992
中位数	0.4987	0.4977	0.4983
最大值	0.5615	0.5814	0.5814
最小值	0.4486	0.4352	0.4352
标准差	0.0137	0.0169	0.0154

第五节 为什么沪港通制度没有提高
沪港两市一体化程度

为什么沪港通制度没有提高沪港两市一体化程度,反而使其降低呢? 其实对于上述实证结果,本书并不感到意外。这是因为沪港通开通以来,其运行主要表现为两个特点,一是开放范围存在较大差异,其中港股通共有 310 只股票[1],占香港市场股票总数的比例不足 20%,而沪股通股票总数占上海 A 股总数的 50% 左右,内地投资者可选择的港股通标的股票明显低于香港投资者可选择的沪股通标的股票;二是沪港通制度针对香港投资者并没有资金门槛,而针对内地投资者设定了资金门槛,只有内地投资人的股票账户余额达到或超过 50 万元人民币时方可购买港股通股票,在一定程度上制约着内地投资者进入香港股市。这些特征表明,对香港股市的投资者而言,其选择权明显大于内地投资者,其投资内地股市应该更加容易。并且根据我们统计的结果显示,截

---

[1] 由于沪港通制度的投资标的经相关监管机构批准,可调整沪股通和港股通股票的范围,文中所述的 310 只港股通股票是 2017 年 6 月 1 日公布的最新名单。

至 2020 年 12 月 31 日,沪港通累计交易金额 361.40 万亿元人民币①,其中北向沪股通累计交易金额 288.25 万亿元人民币,南向港股通累计交易金额 73.15 万亿元人民币,香港投资者在沪市的交易总额比内地投资者在香港股市的交易总额要多,沪港通呈现出"北热南冷"格局。事实上,尽管北向"港股通"的交易总额大于南向"沪股通"的交易总额,但与沪市相比,香港股市却吸引了更多的增量资金,这显然值得深思。

尽管沪港制度通实施后,对香港投资者向内地投资更加便捷,但根据本书的统计结果显示截止到 2020 年 12 月 31 日,沪股通的历史资金累计流入上海股票市场为 6188.24 亿元,港股通的历史资金累计流入香港股票市场为 9561.30 亿元,明显可以看出沪港通的交易资金"南向"流出,之所以会出现上海股票市场投资资金向香港市场净流入局面,本书认为其原因有二:一是香港股市同类股票具有较好估值优势,其市场价格相比于内地要低廉;二是市场投资环境,尤其是制度环境的优势,这才是更深层的原因。因为投资者在进行投资决策时,其主要是基于预期回报率,这又与市场的投资者保护水平密切相关。已有的研究表明,制度环境是导致上海与香港股票市场投资者保护水平存在差异的主要原因(如 Ball 等,2003;Doidge 等,2009;辛清泉等,2010)。制度环境差异决定了投资者对资本回报率预期的差异和股票市场对其投资者权益保护的差异。如第三章所述,无论是投资者保护水平还是股票市场发育程度,香港股市比内地股市更加成熟,基于投资报酬率考虑,内地投资者倾向于投资香港市场,并由此导致了资金的单向净流动,显然是一个更为理性的选择。因此,沪港两市的差异导致了两市资金的不对称流动,而两市资金的不对称流动又是沪港通制度实施后沪港两市一体化程度并未提高的直接原因。

---

① 这里的累计交易金额指从 2014 年 11 月 17 日至 2020 年 12 月 31 日累计买入成交额及累计卖出成交额之和。

本章小结

本章以沪、港股市 2012 年 11 月 17 日至 2016 年 11 月 17 日的日交易数据,采用协整检验、格兰杰因果关系检验以及 DCC-MVGARCH 模型,考察了沪港通制度的出台对沪港股票市场关系的影响,研究发现:

第一,从长期均衡关系来看,沪港通制度的出台确实使得上海股票市场和香港股票市场出现长期均衡关系。因为沪港通开通后,两地市场均出现部分可供两地投资者共同交易的标的股票,随着时间的推移,这些标的股票的价格走势能在一定程度上影响两地股市指数走向,从而影响沪港股市的均衡关系。

第二,通过对两地市场引导关系的格兰杰检验,本章发现在沪港通制度实施之前,上海和香港股票市场的收益率不存在显著的格兰杰因果关系,相伴概率的值较大。而沪港通政策实施之后,在 5% 或 10% 水平下,两市股价之间仍然不存在格兰杰因果关系,但有一点值得注意,即相伴概率总体上都比沪港通前有了较大幅度的下降,这说明,尽管相对于我们确定的显著水平还没有达到显著的程度,但两市之间的引导关系确实在提高。这说明沪港通制度对降低两地市场的分割程度,或者提升两地市场的一体化程度还是有一定作用的,只是还没有达到显著而已。

第三,对沪港股市的动态条件相关系数考察时发现,在整个样本期间,沪港股市的时变相关系数一直维持在 0.5 上下波动,并没有随着时间的推移而产生明显变化,由此可见沪港通制度的出台对两地股市关系的作用力并不显著,对比沪港通开通前后时变相关系数的变化,我们发现,总体而言,沪港通制度开通后的时变相关系数并没有提高,反而略有所下降,这说明沪港通制度的出台并没有促进沪港股市一体化,反而稍许增加沪港股市的分割程度。对于产生这种问题的原因,我们认为主要是因为沪港通开通以来交易资金总体上"南向"流出,而之所以会产生沪市交易资金净流出的失血状况,究其根本原因,主要还是沪港股市的发展水平存在较大差异。众所周知,沪市属于新兴市场,而香港股市经过多年的发展已然成为成熟的股票市场,无论是投资者保护程度还是股票估值方面,香港股市都好于沪市,因此沪港通开通后,许多内地投资者出于投资报酬率的考虑,将资金投向香港股市,而理性的香港投资者并不情愿将过多资金和精力投入处于发展初期的沪市中,从而造成了上海股票市场净流出的局面。

第四,启示。沪港通设立的初衷是通过消除两地制度壁垒来减少沪港两地股市分割、促进股市一体化,从而利用国际资本来壮大和完善上海股票市场。根据本章的研究结果,沪港通制度背离了最初设立的目的,其实这不难理解。上海股票市场经过20多年的发展,虽然在规模上已经处于国际前列,但在效率方面却处于较低水平,仍然具有炒新、炒小、炒差、炒概念、炒短等以散户为主的市场特征,而这"五炒"正是导致投资者风险较大及市场低迷的主要原因。香港股票市场则始终秉承长期投资、稳健投资、价值投资原则,其股票市场正处于成熟稳定阶段。可以看出上海股票市场的市场效率远不及香港股票市场,那么在两地股市存在较大差异的情况下,仅仅依靠沪港通制度来倒逼上海股票市场走向成熟,其作用必然有限,而真正能从根本上提升市场效率仍然是规范发展内地市场、完善制度环境等。此外,沪港通制度本身的局限性也桎梏其效力,如投资标的不足以及设立的投资门槛等,都在一定程度上抑制了投资者的跨市投资热情。上述两点原因也正是近年来尽管国家已经出台沪港通制度来推进上海股票市场的国际化发展,但股票市场分割状态并未好转、经济效益停滞不前的一个重要原因。因此,当前应该加大制度创新,适当地减少政府调控,将股票市场推向市场竞争,以沪港通为破题之钥倒逼上海股票市场改革,循序渐进地调节并且把握沪港股票市场一体化的速度和程度,才能从根本上解决由于市场分割对我国股票市场发展及经济持续稳定增长的困扰。

第四章 沪港通制度对市场价差与投资者预期的影响研究

本章导读

理论上,沪港通应该消除两地制度壁垒,进而缩小两地 A/H 股价差,不过从上一章的实证结论可以看出,沪港通制度并未促进两地股市一体化,反而在一定程度上加剧两地市场间的分割程度,那么沪港通制度的实施能否如理论预期般缩小 A/H 股价差呢? 鉴于此,本章实证考察沪港通对 A/H 股价差与投资者预期的影响。实证研究将分两部分进行,首先将研究对象集中于交叉上市股票,考察沪港通事件对 A/H 股价差的影响,并分析 A/H 股价差的影响因素;然后通过考察沪港通前后两地股票市场股价变化来分析沪港通实施前后投资者预期变化。本章结构安排如下:在第一部分中,首先是问题的提出,主要阐述研究 A/H 股价差的背景及研究意义,然后是文献回顾,在对 A/H 股价差的相关文献进行梳理的基础上提出研究空间和创新点,最后是沪港通对 A/H 股价差影响分析的实证检验,包括研究设计、描述性分析以及实证研究结果与分析;在第二部分中,首先对相关文献进行述评并据此提出研究问题,然后是研究设计,主要介绍研究方法和样本选取,最后是沪港通对两市股价反应的实证研究结果与分析。

第一节　沪港通制度对 A/H 股价差的影响分析

一、问题的提出

所谓 A/H 股价差,是指同一标的资产在中国 A 股和香港 H 股同时上市,但其股票价格在两个市场却表现出不同价格。按照法玛提出的有效市场假说,尽管资本市场的证券价格可能会偏离均衡,但是证券价格能够根据市场信息不断地进行调整,最终走向均衡,而这种均衡价格正是其资产的内在价值的体现。因此,在有效市场中同一标的资产应该表现出相同的价格。但是现实情况是,自从青岛啤酒开启内地 A 股和香港 H 股交叉上市以来,A/H 股价差就一直存在于两地股票市场中。A/H 股不能满足"一价定律",对应于同一标的资产在不同市场交易的股票价格彼此表现各异,这种违背经典的有效市场假说的现象通常被视为市场异象(market anomalies)。根据潘(Poon,1998)以及贝利(Bailey,1999)的研究,造成 A/H 股价差的主要原因是内地和香港股票市场的投资环境、投资者主体以及市场分割等因素造成。由于 A/H 股价差严重损坏我国投资者利益,我国颁布一系列措施以期减少 A/H 股价差,尤其是 2014 年 11 月 17 日沪港通制度的开通,使得内地和香港股票市场实现真正意义上的互通互联,A/H 股价差果真如预期般缩小了吗? 根据我们的研究结果显示,沪港通制度的实施并没有缩小"A+H"交叉上市公司中 A 股和 H 股的价格差异,与此相反,沪港通制度开通后 A/H 股的价格差异却增大了,这个结果显然是有悖于我们的理论预期。因为在沪港通制度开通之前,由于上海和香港两个股票市场是相对分割的,两地投资者不能在对方股票市场上自由交易,那么"A+H"交叉上市公司在两个市场上的股票价格存在差异是可以理解的,但是沪港通制度开通后,两地投资者可以自由购买对方股票市场中的标的股票,客观上消除了制度壁垒,但是为什么两地还有价差,并且这个价差还会进一步扩大呢? 鉴于此,本章首先分析沪港通制度对 A/H 股价差的影响,并在此基础上提出减少 A/H 股价差的有效策略。

二、 文献回顾

近年来,关于交叉上市公司在不同市场存在价格差异的影响因素得到了国外学者的广泛关注,由此也形成了很多研究文献。归纳起来,主要可以从四个假说解释股票价差的形成原因:第一是差别需求假说。贝利和加提西尼(Bailey 和 Jagtiani,1994)认为,投资者对国内股票市场和国外股票市场的股票需求是存在差异的,而这种需求差异恰好导致了股票价格的差异。斯图尔兹和瓦瑟法南(Stulz 和 Wasserfanen,1995)在此基础上提出了股票需求弹性模型,他们认为由于投资者对两地股票市场的需求函数是存在差异的,而需求函数的差异最终将导致股票价格的差异。此后孙和童(Sun 和 Tong,2000)、陈和夸克(Chan 和 Kwok,2005)以及李、鲁伊和吴(Lee、Rui 和 Wu,2008)的实证研究结果均支持了需求差别是导致股票价格差异的主要原因。第二是流动性差异假说。朗斯塔夫(Longstaff,1995)利用期权定价模型考察了流动性对股票价格的影响,研究结果显示,资金流动性是导致股票价格出现差异的主因,此后潘、弗斯和冯(Poon、Firth 和 Fung,1998)与陈、李和鲁伊(Chen、Lee 和 Rui,2001)的实证研究结果均支持了流动性差异假说对股价价差的显著性影响。第三是信息不对称假说。查克拉瓦蒂、萨卡尔和吴(Chakravarty、Sarkar 和 Wu,1998)考察了我国 A 股和 B 股的价格差异影响因素时发现,由于内地投资者和外国投资者在获取公司相关信息方面存在差异,从而导致 AB 股存在价差。此后,高和谢(Gao 和 Tse,2001)与卡罗伊、李和廖(Karolyi、Li 和 Liao,2009)以及卡伊、米盖伊尼斯和张(Cai、MeGuinness 和 Zhang,2011)的实证研究结果均支持了信息不对称是交叉上市公司股票价格差异形成的主要因素。第四是风险差异假说。高风险伴随着高收益(Errunza 和 Losq,1985),两地投资者存在不同的风险承受能力,使得同一家公司在不同股票市场的价格表现不同。马(Ma,1996),贝利、钟和康(Bailey、Chung 和 Kang,1999),李、鲁伊和吴(Lee、Rui 和 Wu,2008)以及卡罗伊、李和廖(Karolyi、Li 和 Liao,2009)的实证研究结果均支持了风险差异对股票价差的显著作用。

关于 A/H 股价差问题,我国学者也进行了一系列研究。如胡章宏和王晓坤(2008)利用 1993—2007 年的数据考察 A/H 股价差的影响因素,研究结果显示流动性和信息不对称是影响 A/H 股价差的根本原因。宋顺林等(2015)利用 2006—2011 年"A+H"股交叉上市公司的数据对 A/H 股价差的影响因素进行考察,研究结果显示需求差异假说和流动性差异假说是影响 A/H 股价差的显著性原因。黄瑜琴等(2015)利用 2009—2013 年"A+H"股交叉上市公司的数据考察了融资融券制度对 A/H 股价差的影响,研究结果显示,融资融券业务实施后,风险差异假说能够显著影响 A/H 股价差。

本章的贡献之处在于,虽然我国学者的研究对象都为"A+H"股交叉上市公司,但是他们利用相同样本、不同时期的数据考察 A/H 股价差的影响因素时所得到的结果是存在差异的。其实这不难理解,随着时间的推移,内地股票市场和香港股票市场均在不断地发展之中,尤其是有关股票市场的各项政策的发布,都会在一定程度上影响股票价格走向,因此 A/H 股价差的影响因素是具有时效性的。沪港通制度的实施,使得内地和香港股票市场的联系更加紧密,两地投资者能够自由在对方股票市场上买卖沪港通标的股票,那么"A+H"交叉上市公司作为标的股票的一部分应该也会在一定程度上受到沪港通制度影响。因此,在股票市场开放的背景下考察沪港通制度对 A/H 股价差的影响,不仅是对 A/H 股价差影响因素相关研究的补充,同时也能有助于我们针对新时期的 A/H 价差影响因素提出减少 A/H 股价差的方案,进而保护投资者利益。

三、 研究设计

(一)样本选取与数据来源

截至 2016 年 11 月 17 日,中国内地公司在香港交易所交叉上市的企业已达到 93 家,其中归属于沪港通标的股票的有 76 家。在实证研究中,剔除数据严重缺失的 9 家公司,最终得到样本公司共 67 家。在样本时间的选取上,多数研究者在研究沪港通制度对 A/H 股溢价水平的影响时选取的时间较短,但是根据著名学者曹凤岐先生以及申银万国首席市场分析师桂浩明的分析,沪港通制度事件对 A/H 股溢价的影响并不能在短期得到显著效果,而是需要经过较长时间的调整,因此本章克服前人选取研究样本时间较短的不足,选取 2013 年 11 月 17 日至 2016 年 11 月 17 日的日交易数据进行研究,利用沪港通制度开通前一年以及沪港通制度开通后两年的数据来分析沪港通制度开通后 A/H 股价差的影响因素。文中的样本数据均来自 Wind 数据库和东方财富 Choice 数据库,所有数据处理和统计分析工作均在 Eviews8.0 统计分析软件中进行。

(二)变量选择与实证模型

为检验沪港通制度开通后 A/H 股价差的影响因素,本章构建的实证模型为:

$$Prem_{i,t} = \alpha_0 + \beta \times Short\_List_{i,t} + \gamma \times Controls_{i,t} + v_i + e_t + \varepsilon_{i,t} \qquad (4-1)$$

其中:被解释变量 $Prem_{i,t}$ 表示时间 t 时股票 i 的溢价(或折价)水平;解释变量 $Short\_List_{i,t}$ 为虚拟变量,表示是否开通沪港通制度;$Controls_{i,t}$ 是控制变量;v_i 和 e_t 分别表示个体效应和时间效应;$\varepsilon_{i,t}$ 为随机误差项。

被解释变量 $Prem_{i,t}$ 表示的是股票的溢价(或折价)水平,其计算公式如下:

$$Prem_{i,t} = \frac{P_{i,t}^{A} - P_{i,t}^{H}}{P_{i,t}^{H}} \times 100\% \qquad (4-2)$$

其中, $P_{i,t}^{A}$ 表示 A 股股票 i 在 t 时的价格(计量单位为人民币元), $P_{i,t}^{H}$ 表示 H 股股票 i 在 t 时的价格(计量单位以当天汇率折算为人民币元),如果 $Prem_{i,t}$ 的值大于零,则表示 A 股相对 H 股溢价,如果 $Prem_{i,t}$ 的值小于零,则表示 A 股相对 H 股折价。

在控制变量选取上,本章借鉴宋顺林等(2015)的研究,主要选取需求弹性($DEM_{i,t}$)、信息不对称性($INF_{i,t}$)、流动性($LQ_{i,t}$)以及风险偏好($SD_{i,t}$)四个控制变量考察真正对 A/H 股价差产生影响的因素。需求弹性是衡量股票的需求量与股票价格差异关系的指标,文中用 A 股股票流通股与 H 股股票流通股之比作为需求弹性的代理变量。根据斯图尔兹等(Stulz 等,1995),需求弹性差异对交叉上市公司股票价格的差异具有显著的影响,他们认为股票市场的需求量变化与股票价格变化是成比例的,如果需求弹性大于1,那么降低股票价格能够带来更多收益,如果需求弹性小于1,那么提高股票价格能够带来更多收益。应用到 A/H 股价差分析,就变成 A 股相对 H 股需求弹性越大,A/H 股的溢价水平越低,而 A 股相对 H 股需求弹性越小,则 A/H 股的溢价水平就会上升,因此需求弹性差异与 A/H 股价差应该呈负相关关系。根据祖卡斯等(Doukas 等,2008)和王等(Wang 等,2010)的研究,他们认为信息不对称性与股票溢(折)价相关,处于信息优势的投资者面临的股票市场风险较小,因此对股票收益率的要求相对较低,股票溢价程度低;而处于信息劣势的投资者面临的市场风险较大,需要更多的股票收益率来补偿高风险,因此股票溢价程度高。因此,本章将 A 股市值与 H 股市值之比作为衡量信息不对称水平。流动性是衡量股票能否以较为合理的价格快速进行交易的能力,根据达塔尔和奈克(Datar 和 Naik,1998)的研究,如果股票市场的流动性高,投资者可以接受较低的收益率进行快速变现,那么股票的溢价水平较高,反之亦然。根据张等(Zhang 等,2004),风险偏好是导致股票价差的重要因素,因此本章将风险偏好作为控制变量加入其中,文中以 A 股股票收益率方差与 H 股股票收益率方差之比作为衡量风险偏好的代理变量。表 4.1 报告了本章所使用变量的具体定义及计算方法。

表 4.1　变量定义

	变量	名称	计算方法
被解释变量	$Prem_{i,t}$	股票的折溢价水平	具体计算方式见公式(4-2)
解释变量	$Short\_List_{i,t}$	沪港通虚拟变量	如果时间 t 时股票 i 为沪股通取值 1,否则取值 0
控制变量	$DEM_{i,t}$	需求弹性	取值为 A 股流通股数与 H 股流通股数之比
	$INF_{i,t}$	信息不对称性	取值为 A 股股票市场价值与 H 股股票市场价值之和的自然对数
	$LQ_{i,t}$	流动性	取值为 A 股股票换手率与 H 股股票换手率之比
	$SD_{i,t}$	风险偏好	取值为 A 股股票收益率方差与 H 股股票收益率方差之比(本章采用月度区间来计算股价收益率的方差)

四、　实证研究结果与分析

在实证部分,本章首先给出模型中各个变量的描述性统计结果,初步判断各个变量的统计特征;然后利用样本数据对实证模型进行面板回归,根据实证结果中系数的相伴概率判断其是否对 A/H 股价差产生影响,并根据其系数的正负值确定影响方向;最后为了消除内生性的影响,本章又进行了稳定性检验。

(一)主要变量描述性统计

表 4.2 是模型中各变量的描述性统计表。被解释变量 $Prem_{i,t}$ 的均值为

0.4308,大于0,这说明A/H股总体上存在价差,并且表现为A股溢价、H股折价的现象;最大值为7.8580,说明A股的为H股的8.8580倍;而最小值为-0.5244,说明A/H股价差中,存在A股折价、H股溢价现象。根据曹艳玲等(2016)的研究,A股相对H股折价主要集中在我国金融大盘股之中。$Short\_List_{i,t}$表示沪港通制度的虚拟变量,由于在实证研究中,样本选取为沪港通制度实施前一年和沪港通制度实施后两年的数据,因此虚拟变量的均值表现为正值。控制变量$DEM_{i,t}$、$INF_{i,t}$、$LQ_{i,t}$、$SD_{i,t}$的标准差均处于较低水平,这表明控制变量的样本数据离散程度较低,样本分布比较集中,因此对这些变量进行面板回归效果更好。

表4.2　变量的描述性统计

变量	均值	中位数	最大值	最小值	标准差
$Prem_{i,t}$	0.4308	0.2478	7.8580	-0.5244	0.7197
$Short\_List_{i,t}$	0.6676	1.0000	1.0000	0.0000	0.4711
$DEM_{i,t}$	2.9515	2.6607	9.5663	0.0399	1.7475
$INF_{i,t}$	16.3688	16.2230	19.9529	12.5777	1.5246
$LQ_{i,t}$	3.0153	1.3255	841.9033	0.0034	8.8106
$SD_{i,t}$	1.1095	0.9953	123.2116	0.0443	2.2703

(二)沪港通制度对A/H股价差影响的多元回归分析

表4.3是面板数据回归的结果,在回归(1)中,沪港通制度虚拟变量$Short\_List_{i,t}$的系数为0.4071,大于0,说明A/H股价差和沪港通制度虚拟变量呈正相关关系,同时也表明沪港通制度开通后,两地A股股票价格和H股股票价格的差异并没有缩小,反而继续扩大了。这恰好与前文的描述性统计结果相一致。从回归(1)的控制变量的回归结果可以看出:第一,需求

弹性与 A/H 股价差呈正相关关系,说明 A 股流动股数量与 H 股流通股数量之比越大,A/H 股价差越大。一般而言,当股票供给增加时,股票价格应该降低,但是我们根据前文关于沪港通制度对两市股价反映的实证检验结果可知,沪港通制度实施后,由于投资者对上海股票市场的股票预期较高,使得 A 股价格随着 A 股股票供给量的增加而继续上升,而香港股票市场的股价反应是随着供给量的增加,H 股价格先下降,然后又逐渐回归原来的均衡价格,这表明,沪港通制度的实施使得两地股票价格差异继续扩大。第二,信息不对称性与 A/H 股价差呈正相关关系,表明上市公司在 A 股市值和 H 股市值之和越大,A/H 股价差越大,这与传统理论并不一致。信息不对称理论认为,国外投资者与国内投资者之间存在着信息不对称,一般而言,相对国内投资者而言,国外投资者在信息获取上处于劣势,并且公司市值越高,外国投资者的信息劣势越小。但是本章的实证结果表明,沪港通制度实施后,公司市值越高,上市公司的内幕交易可能越多,公司的信息透明度较低从而导致内地和香港股市的 A/H 股价差的扩大。第三,流动性与 A/H 股价差的相关系数显著为正,表明当 A 股相对于 H 股的流动性越高时,A 股的股票价格越高。根据胡章宏等(2008)的研究,"A+H"股交叉上市公司普遍存在 A 股相对 H 股溢价,同时又由于沪港通制度的开通增加了 A 股股票的流动性,A 股价格增加,从而使得 A 股和 H 股的价差就越大,这恰好符合流动性假说。第四,控制变量风险偏好的系数为 0.0066,在 1% 水平下显著为正,说明风险偏好与 A/H 股价差呈正相关关系,表明 A 股波动风险与 H 股波动风险的比值越大,A/H 股价差越大。根据资本资产定价模型,股票收益率与波动风险是正相关关系,当股票存在较大的波动风险时,股票的收益率也会处于较高水平,因此股票价格则相对较低。根据前文关于沪港通制度对两市股价反映的实证考察检验结果显示,沪港通制度实施后,尽管 A 股股票的风险相对较高,但由于投资者对 A 股股票市场的预期较好,香港投资者的投资热情很高,A 股股票价格并没有因为其较高的风险而降低,这

与"北上"资金远远大于"南下"资金的实际情况是一致的。另外,从回归
(2)—(5)的结果同样表明,沪港通制度实施后,A 股和 H 股股票价格差异
并没有缩小,反而扩大了。

表 4.3　沪港通制度对 A/H 股价差影响的面板数据模型检验

	（1）	（2）	（3）	（4）	（5）
$Short\_List_{i,t}$	0.4071 ***	0.4074 ***	0.4096 ***	0.5510 ***	0.4121 ***
	[101.4798]	[101.4878]	[101.7276]	[160.7689]	[102.5587]
$DEM_{i,t}$	0.0685 ***	0.0682 ***	0.0645 ***	0.0757 ***	—
	[19.2505]	[19.1499]	[18.0865]	[20.4612]	—
$INF_{i,t}$	0.3892 ***	0.3905 ***	0.3978 ***	—	0.3930 ***
	[62.8389]	[63.0112]	[64.0547]	—	[63.2492]
$LQ_{i,t}$	0.0033 ***	0.0033 ***	—	0.0039 ***	0.0031 ***
	[17.6928]	[17.8348]	—	[20.4452]	[16.4901]
$SD_{i,t}$	0.0066 ***	—	0.0068 ***	0.0075 ***	0.0065 ***
	[9.5931]	—	[9.8664]	[10.5033]	[9.3854]
样本数	47727	47735	47763	47727	47727
R^2	0.7816	0.7811	0.7805	0.7635	0.7799

注:回归使用了经怀特异方差修正的标准误差,方括号 [ ] 内为 T 统计量值,*** 表示在 1% 水平上显
　著,** 表示在 5% 水平上显著,* 表示在 10% 水平上显著。

(三)稳健性检验

为了确保实证结果的稳健性,本章有做了如下检验:第一,上文对流动性
的计量是按照 A 股与 H 股换手率之比进行测量的,在稳健性检验中,我们采
用 A 股买卖价差与 H 股买卖价差之比进行测算;第二,为降低变量之间的逆
因果关系,对模型中的控制变量采取滞后一期,然后重新进行相关检验。上述
检验结果与前文的结论一致。

第二节　沪港通制度对两市股价
反应的实证检验

一、文献回顾

按照微观经济学理论,在其他条件不变的情况下,商品供给的增加会导致该商品价格的下降,同样,对于证券这类特殊的商品也不例外,一些研究者认为增加股票的供给也会导致其价格的下降,这种观点被斯科尔斯(Scholes,1972)称为价格压力假说。价格压力假说认为,由于股票市场是不完美市场,当市场内出现大量买卖股票的投资者,由于股票卖出方不能在短期内寻找到足够的股票买入方,因此股票卖出方不得不通过调整股票价格从而使其在短期内完成交易,同时价格压力假说也指出,当交易完成后,股票价格将快速恢复至均衡状态。对于股市扩容来说,投资者为了获取更多投资回报率而作出的调整持有股票时,就会出现大量买卖股票的投资者,根据价格压力假说,为了股票能够成功交易,股票卖出方只能降低股票价格从而达到尽快出售股票的目的,当交易完成时,股票的价格将会恢复到均衡价格。阿斯奇斯和马林斯(Asqith 和 Mullins,1986)通过对美国股市 1963—1981 年的再融资研究发现,以股票价格的每日异常收益率来度量股价对再融资公告的反应表明,股价变化与公司再融资具有负相关关系,而且股价的下跌程度与股票的发行规模大小显著相关,发行规模越大则下跌的幅度也越大。其他一些学者,如丹思和米尔森(Dann 和 Millelson,1984),汉森和克拉奇利(Hansen 和 Crutchley,1990),卢卡斯和麦克唐纳(Lucas 和 McDonald,1990)研究也表明,在美国股票市场上,增发公告被视为利空消息,由此引起股价的下跌。另外,米勒和罗克(Miller 和 Rock,1985)指出,股票发行相当于负股利,会向投资者传递企业未来盈利能力的负面信息。因此,对公司增发股票而言,发行股票会导致股价下跌。

从国内的研究情况看,对于股市扩容所导致的价格压力已有许多相关研究文献,这些文献主要从上市公司的增发、配股以及 H 股回归 A 股的股价效应进行了检验(如朱武祥,2004;吴超鹏等,2006;王景,2007;陈国进,2007;石松等,2015),他们的研究结果均显示市场扩容对市场的股价有负效应。

对于尚未直接开放的股票市场而言,由于其市场规模有限,股市扩容导致的股价效应不难理解,股票供给增量越大,其负面效应体现得就越为明显。然而,对于开放股票市场的扩容而言,比如沪港通制度,问题则要复杂得多。首先,沪港通的实施使得内地投资者不仅能够购买内地股票市场中的股票,还能购买香港股票市场中的港股通标的股票,并且香港投资者在原有可投资股票的基础上还能直接投资上海股票市场中的沪股通标的股票,因此沪港通制度实际上既是内地股票市场的一次扩容,也是香港股票市场的一次扩容。那么对于两地股票市场而言,由于港股通标的股票给内地投资者提供了市场的增量供给,沪股通标的股票给香港投资者提供了市场的增量供给,由此可能会对本地企业带来负面影响,因为新上市的增量与这些企业的股票具有一定的替代效应,从而相当于供给在一定程度的增加,由此产生分流效应和价格压力。其次,对于两地股票市场是否形成价格压力,在本章看来其关键之处在于股票市场是否有新的增量资金进入,而是否产生增量资金又与投资者预期有关。如果内地投资者预期港股通标的股票非常具有投资价值,那么沪港通制度实施后可能会引起内地投资者的关注和进场购买,由此会引发内地资金向香港股票市场的流动,同样,如果香港投资者认为沪股通标的股票非常具有投资价值,也会增加香港投资者进入上海股票市场,从而导致香港股市的资金向内地流动。由于资金能够在两地市场自由流动,两地股市的资金供给量将发生变化,使得前面所提的"在其他条件不变"的假设将不再成立。如果投资者预期内地股市比香港股市更有投资价值,沪港通制度的实施将导致香港股票市场资金向内地净流入,即内地股票市场有新的资金增量而香港股票市场将有资金流出,因此港股通标的股票对内地市场中的存量资金的分流效果就相当有限,对内地股市中相关股票的价格压力也就不会很显著,而沪股通标的股票对香港市场中的存量资金的分流效果应该更为明显,对香港股市中相关股票的价格压力也就更为显著;反之亦然。最后,沪港通制度对内地股市和香港股市是否形成价格压力,上述两点能否成立,还要看市场行情状况,如果市场行情向好,就会有新的资金不断涌入,形成新的资金供给,即使沪港股票市场各自都存在股票供给增量,但新的资金能够不断补充上来,沪港通制度的实施对相关股票的价格压力也就不会很显著。综上分析,沪港通制度对内地和香港股票市场是否会产生价格压力效应,与其说是理论问题,倒不如说是一个实证检验问题。

二、 研究设计

(一)研究方法

本章在实证考察沪港通制度对 A 股股票价格和 H 股股票价格的影响时采用事件研究法。由于沪港通制度是一个带有全局性、统一时间特征的事件,对其使用事件研究法不仅能够消除个股公司层面的干扰,还能保持时间维度的一致性,能够在一定程度上提高事件研究法的准确性。事件研究法是通过度量某一事件是否引起股票超额收益来判断对股价的影响,因此,必须先确定一个正常收益率作为参照基准,实际收益率与正常收益率的差额即为股票的超额收益率,然后再计算出累计超额收益情况。关于正常收益率的确定方法有许多种,如市场模型法、市场调整模型法以及均值调整模型法,由于市场模型法明确考虑了与市场相关的风险因素和平均收益,一般认为该方法有更强的检验力(陈信元和江峰,2005),因此,本章将首先考虑使用市场模型法计算正常收益率和超额收益率。

利用市场模型确定正常收益率时,先构建一个如下式的回归模型:

$$R_{it} = \alpha_i + \beta_i R_{mt} + \varepsilon_{it} \tag{4-3}$$

R_{mt} 为市场收益率,当考察沪港通制度对 A 股市场反应时,用上证综合指数的收益率作为市场收益率,当考察沪港通制度对 H 股市场反应时,用香港恒生综合指数收益率作为市场收益率;R_{it} 为个股的实际收益率;ε_{it} 为残差项。利用估计窗的日时间序列数据分别对每只沪港通标的股票进行回归,可以得到各自模型参数的估算值 $\widehat{\alpha_i}$ 和 $\widehat{\beta_i}$。然而,对于金融时间序列直接采用上述回归模型得到的残差序列 ε_{it} 通常不是白噪声过程,而是一个条件异方差过程。

在已知信息集 $I_{t-1} = \{R_s, \varepsilon_s; s \leqslant t - 1\}$ 的条件下,残差序列的条件分布为:

$$\varepsilon_{it} | I_{t-1} \sim N(0, \sigma_{it}^2), t = 1, 2, \cdots, T \tag{4-4}$$

其中,σ_{it}^2 代表时变的条件方差。

因此,在利用市场模型估算正常估计参数时,将使用 EGARCH 模型的方差方程进行修正,以避免由于条件异方差所产生的问题,方差方程表示如下:

$$\log(\sigma_{it}^2) = \alpha_0 + \alpha_1 \log(\sigma_{t-1}^2) + \alpha_2 \left| \frac{\varepsilon_{t-1}}{\sigma_{t-1}} \right| + \gamma \frac{\varepsilon_{t-1}}{\sigma_{t-1}} \tag{4-5}$$

通过对(4-2)式和(4-3)式构成的 EGARCH 模型联合估计,如果此时得到的残差平方序列通过 Ljung-Box Q 统计量检验已经不再存在自相关现象,此时的 $\widehat{\alpha_i}$ 和 $\widehat{\beta_i}$ 的值即为正确的估计值。

那么沪港通标的股票在事件期的超额收益率 AR_{it} 的计算公式为:

$$AR_{it} = R_{it} - \widehat{\alpha_i} - \widehat{\beta_i} R_{mt} \tag{4-6}$$

由于本章考察沪港通制度分别对 A 股股价反应和 H 股股价反应,因此在累计超额收益的计算公式如下:

$$CAR = \sum_{t_1}^{t_2} AAR_t = \sum_{t_1}^{t_2} \left(\frac{1}{N} \sum_{i=1}^{n} AR_{i,t} \right) \tag{4-7}$$

其中,AAR_t 是沪港通标的股票的第 t 日的平均超额收益率,其值等于标的股票超额收益率的均值; CAR 是累计超常收益率。

值得说明的是,本章选择的估计窗口期是$(-150,-31)$,选择的事件窗口期是$(-10,10)$。另外,本章在采用市场模型法计算累计超额收益来考察上证 A 股市场和香港 H 股市场对沪港通制度的反应时,由于在沪港通制度前后,内地股票市场和香港股票市场均存在其他可能影响股票市场价格变动的事件,如内地的融资融券业务、股指期货业务等,因此为了尽可能考察沪港通制度对两地市场的真实反应,本章利用沪港通制度对沪股通标的股票的股价反应来代替上海股票市场在沪港通制度前后的市场反应,利用沪港通制度对港股通标的股票的股价反应来代替香港股票市场在沪港通制度前后的市场反应。

(二)样本选取与数据来源

在考察沪港通制度对 A 股股票价格反应时,本章选取 2014 年 11 月 17 日公布的 568 只沪股通标的股票作为研究样本,在考察沪港通对 H 股股票价格反应时,本章选取 268 只港股通标的股票作为研究样本。在利用事件分析法进行检验时,由于估计窗口需要 120 天的标的股票数据,因此将数据有缺失的标的股票予以剔除,最终得到 549 只沪股通标的股票以及 264 只港股通标的股票。样本公司的股价数据来源于东方财富 Choice 数据库、Wind 数据库,所有数据处理和统计工作均在 Excel 和 SPSS 统计软件中进行。

三、 实证研究结果与分析

图 4.1 是沪港通制度对沪股通标的股票影响的示意图。观察图 4.1,本章发现在沪港通制度发生之前,即事件窗口$(-10,0)$内,沪股通标的股票的平均超额收益率均在零值上下浮动,但是在沪港通制度发生之后,平均超额收益整体上有上升趋势。在累计超额收益方面,在沪港通制度发生的前 5 天起,即事件窗口$(-5,0)$内,沪股通标的股票的累计超额收益均为正,且整体上持续

走高。不过在沪港通制度发生之后,即事件窗口(0,10)内,沪股通标的股票的累计超额收益率持续增加,这表明沪港通制度对上证 A 股股价并没有产生价格压力,相反却带来了 A 股市场股价的持续增长。

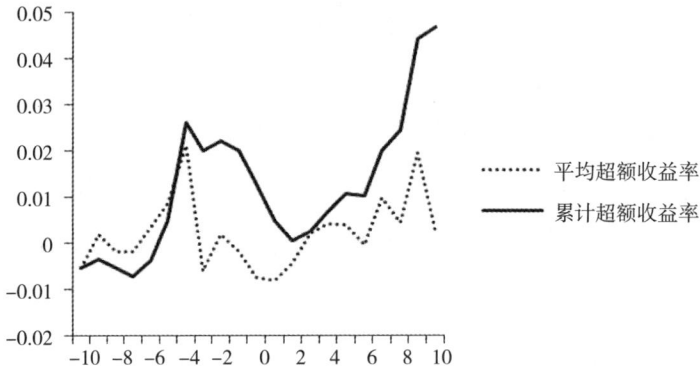

图 4.1 沪股通标的股票平均超额收益与累计超额收益图

图 4.2 是沪港通制度对港股通标的股票影响的示意图。从图 4.2 可知,港股通标的股票的平均超额收益在沪港通事件发生前后均在零值上下波动,尽管沪港通事件后,即事件窗口(0,5)内,港股通标的股票的平均超额收益有所下降,但是在事件窗口(5,10)内,港股通标的股票的平均超额收益又马上恢复,在零值附近波动;至于港股通标的股票的累计超额收益率方面,尽管在沪港通事件前,即事件窗口(-10,-1)内,累计超额收益率持续向下,但是在沪港通事件后,累计超额收益率开始向零值方向波动,沪港通制度带来的股价反应逐渐减少。从图 4.2 也可看出沪港通制度后,累计超额收益率一直维持在负数水平。另外,据统计,在沪港通制度发生后的第 13 个交易日,香港股票市场对沪港通制度的反应已经趋近于 0,这表明,尽管沪港通制度的实施降低了港股通标的股票的超额收益,但是经过几日的调整,港股通标的股票很快就恢复至原有状态。

通过上述实证分析结果可知,股价的变化正好体现了投资者对该股票的

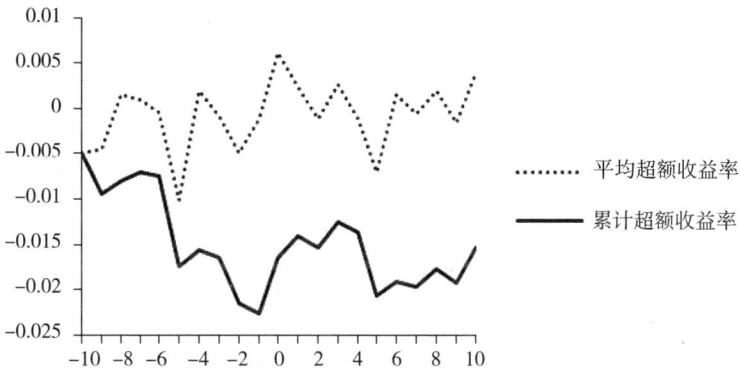

图 4.2　港股通标的股票平均超额收益与累计超额收益图

预期以及由此产生的资金分流效应。上海股票市场的股价上涨则说明现有投资者和潜在投资者更加看好该股票的未来盈利能力,投资者更愿意将现有资金投入沪股通标的股票中,而香港股票市场的股价下降则说明两地投资者对香港股市中股票的未来盈利能力并不看好,投资者不愿将剩余资金投入港股通标的股票中,由此导致两地市场的资金分流。

在本章看来,投资者认为上海股票市场的股票投资价值比香港股票市场高是产生上述结果的主要原因。从沪港通制度实施前两年两地股票市场的活跃度可以看出,恒生指数振幅在 2013 年为 20.68%,2014 年仅为 18.13%,但是上证指数的振幅在 2013 年为 26.23%,2014 年为 59.78%,上海股票市场的活跃度明显高于香港股票市场;从股票收益方面来看,香港股票市场在 2013 年和 2014 年均维持在 2% 左右,而上海股票市场在 2014 年的涨跌幅为 52.87%,明显可以看出上海股票市场比香港股票市场的投资回报率更高。追逐利益的投资者们很可能基于以上考虑,在沪港通实施后,将注意力聚焦到上海股票市场中从而获得更高的收益。因此,内地股票市场的较高收益率以及市场氛围的活跃度才是香港投资者对内地股票市场报以较高预期以及推高股价的关键。

关于沪港通实施后,两地股票市场的资金流动情况,本章做了一个统计,结果发现,沪港通开通后的 10 日内,两市资金的总流向均是从香港向内地股票市场流动,即资金北向流动。沪港通开通当日的北向净流入金额为 112.32 亿元,此后的 9 个交易日,沪港通每日的北向净流入金额均在 20 亿至 70 亿元区间,从这一点也可进一步证明投资者对上海股票市场的预期好于对香港股票市场的预期。

本章小结

本章实证考察了上海股票市场和香港股票市场在沪港通制度实施前后的市场反应。实证研究将分两部分进行,本章首先将研究对象集中于交叉上市股票,考察沪港通制度对 A/H 股价差的影响,并分析 A/H 股价差的影响因素,然后考察沪港通制度的实施对上海股票市场和香港股票市场股票价格的影响,研究结果显示:

第一,沪港通制度开通后,A/H 股价差扩大了。理论上,沪港通制度的实施打破沪港两地的制度壁垒,使得内地投资者能够购买港股通标的股票,香港投资者能够购买沪股通标的股票,两地市场的资金能够自由流动,市场分割情况有所减轻,进而缩小 A/H 股价差。然而实际情况是,虽然两地资金能够自由流动,但是沪港通制度只是一个交易通道,并不能将香港 H 股和内地 A 股相互转换,投资者也就不存在套利机会,因此通过沪港通制度的资金流动并不能为 A/H 股提供套利机会,进而缩小 A/H 股价差。另外,根据第三章的研究结果我们可知,沪港通制度并没有减轻两地市场分割情况,这也可以从另一方面解释沪港通制度不能缩小 A/H 股价差的原因。

第二,股价的变化正好体现了投资者对该股票的预期。沪港通制度实施后,由于投资者更加看好沪股通标的股票的未来盈利能力,大量资金涌入上海股票市场,从而助推了上海股票市场股票价格的上涨,使得沪港通制度对上海股票市场的股价并未产生价格压力;而香港股票市场在沪港通制度实施后,由于股票供给量的增加,使得港股通标的股票价格下跌,当交易完成后股票价格又很快反弹到原有水平,恰好验证了价格压力效应。另外,从两市股价反应情况也可得出,沪港通制度的实施使得香港投资者投资内地股票市场的热情高涨,而内地投资者投资香港股票市场则显得较为保守,从而使得沪港通交易总额呈现出"南冷北热"的状态。

第五章 沪港通制度对沪港两地市场
信息传导效应的影响研究

本章导读

    沪港通制度的实施不仅允许我国内地投资者购买香港股票市场中的港股通标的股票,同时也允许香港投资者买卖上海股票市场中的沪股通标的的股票。这不仅打通了两市的资金流动渠道,更为重要的是沪港通标的的股票间的信息传导效应。本章以沪股通标的的股票和港股通标的的股票为研究对象,通过编制各自的综合指数,采用协整检验、误差修正模型以及 BEKK-GARCH 模型对沪港两地市场信息传导效应进行检验。本章的结构安排如下:第一部分主要分析沪港通制度对两地信息传导效应的影响;第二部分股票市场波动溢出效应的相关研究;第三部分是实证分析部分,主要包括研究方法与样本的选取、指数编制与样本数据以及实证研究结果与分析。

第一节 沪港通制度对沪港两地
市场信息传导效应

    随着内地和香港股票市场的彼此开放,两地的金融活动相互渗透、相互影响,两个股票市场的联系越来越密切。尤其是沪港通制度实施以后,内地和香港投资者能够在规定范围内买卖对方市场上的股票,这在真正意义上使得两个市场互通互联,因此,沪港通制度不仅成为连接两个市场的重要纽带,而且也为两地市场的信息传导架起了桥梁。洪永淼等(2004)指出,当金融市场相对封闭时,由于缺乏相互的传导机制,市场之间的影响关系很弱。然而,当市场对外开放程度提高后,彼此之间的联动效应和协同运动就会加强。这是因为投资者往往会试图根据一个市场的股价变化去推测另一个市场的股价变化,由此产生彼此价格的示范效应。同样,一个市场的大幅波动也会在另一个市场中得到反映,金和瓦德瓦尼(King 和 Wadhwani,1990)对 1987 年 10 月美国股市暴跌事件的研究就发现,即使引起波动的信息只是对某个特定的市场有意义,但其他市场也可能对这个事件做出过度反应而不顾该信息可能对其自身并无实际意义。因此,考察沪港通制度实施后沪股通标的股票和港股通标的股票间的溢出效应不仅可以为投资者决策具有重要的参考价值,而且对于风险防范具有重要的意义。

金融学理论表明,均值溢出效应和波动溢出效应均能够考察股票价格的信息效率。所谓均值溢出效应是指一个市场的收益不仅受自身前期收益的影响,还可能受到其他市场前期收益的影响,这种收益在市场之间的传递称为均值溢出效应,即收益率条件一阶矩的格兰杰因果关系。在实证分析中主要采用协整分析、误差修正模型以及格兰杰因果关系检验等,其中协整关系是判断市场间是否存在长期均衡关系,误差修正模型是从短期方面考察偏离均衡价格的股票如何进行调整。所谓的波动溢出效应是指一个市场的波动不仅受到自身前期波动的影响,而且受到其他市场前期波动的影响,这种波动在市场之间的传递称为波动溢出效应,即收益率二阶矩的格兰杰因果关系。而这方面的实证研究主要采用的是多元 GARCH 模型。由于股票价格的信息效率本身又代表了股票的市场风险,因此对其分析尤为重要。

本章考察沪港通制度开通后沪股通标的股票和港股通标的股票之间的溢出效应,并以此分析两地股市波动风险的传染关系。研究的目的在于考察沪港通制度开通后,两地标的股票之间在收益率和波动之间的引导关系。股票市场之间的溢出效应会随着市场开放程度、市场成熟度以及市场效率的不同表现出不同的溢出方向。在沪港通制度实施前,两地股票市场的无论是市场成熟度还是市场效率,香港股票市场都好于内地股票市场,这就决定了我国股票市场与香港股票市场之间的溢出效应呈现香港向内地的单向溢出效应。但是沪港通制度开通后,我国股票市场针对香港市场的开放程度大大提升,由此带来的两个市场之间的溢出效应也会产生一定程度的变化,因此,对其进行分析以更好地把握我国股市的外部波动风险来源与传染路径,帮助我们在股市因外部冲击动荡前做出短期预测,同时也为金融监管部门提供新的启示。

第二节 股票市场波动溢出效应的相关研究

关于溢出效应的早期文献主要集中于均值溢出效应的研究,即通过资产收益率之间的格兰杰因果关系来判断彼此之间的领先—滞后关系(lead-lag relesionship),以检验一个市场的收益能否为另一个市场提供预测信息,如果二者之间存在单向或双向的格兰杰影响关系,可以进一步判断在这种影响关系中哪个市场居于主导地位。由于股票市场的价格发现的本质是股票价格对信息的反应效率,因此,研究市场之间价格运动的领先—滞后关系有两点好处:一是可以直接判断资产收益的引导关系,了解价格的示范效应,这对投资者决策具有非常直接的参考意义;二是可以通过领先—滞后关系对市场间价格发现和信息传递机制进行判断。陈等(Chan 等,1992)、斯托尔和惠利(Stoll 和 Whaley,1990)、施赖伯和施瓦茨(Schreiber 和 Schwartz,1986)、爱德华兹(Edwards,1988)、佩里和库特莫斯(Pericli 和 Koutmos,1997)以及达拉等(Darrat 等,2002)均认为资产价格运动的领先—滞后关系反映了资产价格调整对信息反应的快慢。如果一方反应在前另一方反应在后,那么在价格的运动上就会表现出领先—滞后关系,处于领先地位的具有更高的信息效率。同时,领先—滞后不过是信息在两种资产传递的具体表现而已,由此还可以对信息在资产之间如何传递进行考察。

然而,经验研究亦发现,金融变量之间即便不存在显著线性相关关系,它们仍然可以存在非线性相关关系。同时,大量的研究发现世界各国证券市场收益率序列的自相关现象通常不显著,但收益率的平方序列却基本上都存在序列相关。而且对证券市场而言,其资产收益率的波动不仅具有自身的高度序列相关,而且还可能受到其他市场波动的影响,这种市场间波动的传导便称为"波动溢出效应"(volatility spillover effects)。所以,市场之间即便没有反映出均值格兰杰关系,也并不代表它们不存在方差间的格兰杰关系(洪永森等,2004)。并且辽尔和威廉(Liaol 和 Williams)还发现收益率的波动可能对市场信息的反应更加敏感,而罗斯(Ross,1989)认为市场的波动与信息流密切相关,波动溢出的方向就代表了信息的传递方向。正因如此,近期关于市场间影响关系的溢出效应研究多侧重于考察波动溢出效应。这方面的主要研究包括:恩和沈(Eun 和 Shim,1989)首先运用 GARCH 模型研究了股市间的波动溢出效应,他们发现信息从美国市场快速地向其他市场传递,但却没有一个外国市场对美国市场的运动具有显著的解释作用,因此,他们的结论支持美国股市对其他市场具有先导作用。与此类似,其他学者如西奥多和李(Theodossiou 和 Lee,1993)、阿尔沙纳帕利和祖卡斯(Arshanapalli 和 Doukas,1993)、康诺利和王(Connolly 和 Wang,2003)、多曼斯基和克莱默(Domanski 和 Kremer,2000)等均发现美国股市对世界其他股市的影响关系上具有显著的先导作用。然而,Miyakoshi(2003)在研究美国和日本股市对亚洲其他国家股市的波动溢出效应时却发现,日本股市对亚洲其他国家的波动溢出效应要强于美国股市的影响,同时亚洲国家股市也对日本股市具有反向的波动溢出效应,这一结论可能反映出地缘关系在市场之间的影响上也扮演着重要的角色。

我国关于股票市场波动溢出效应的文献主要产生于近年,并且以 A 股和 H 股市场为主,如杨聘(2006)、吴学锋(2010)、何红霞(2011)等。但亦有少数文献研究了沪港通实施对沪港两地市场的波动溢出效应,其中李博(2016)与袁野梅(2014)等均采用上海交易所和香港交易所编制的股指来研究沪港通制度对沪港两地市场的波动溢出效应的影响,但二者却得到了不同的研究结论,这可能与研究样本以及样本期的选择有关。这两篇论文与本章的研究主题最为接近,但在研究上却有显著的不同。他们的研究主要采用上海交易所和香港交易所编制的股指,而本章则是把沪股通标的股票价格和港股通标的价格分别编制成指数进行考察,这是因为沪港通制度只是选取上海股票市场和香港股票市场中的部分股票作为标的股票,而沪港通制度的实施对两地股市最直接的信息传导效应主要表现在可以允许两地投资者共同交易的沪港通标的股票。因此,利用编制的股指进行实证研究能够更真实地反映出沪港通制度对沪港两市信息传导效应的影响,同时这也成为本章的一个主要创新点。

第三节　沪港通制度对沪港两地市场信息传导效应的实证检验

一、　研究方法

(一)均值溢出效应

本章选择误差修正模型以检验沪港通制度开通后,沪股通标的股票和港股通标的股票价格对信息的反应效率。由于沪港通制度开通后,两地投资者能够买卖对方股票市场规定范围内的股票,这些沪港通标的股票将会存在共同的投资者,而沪港两地投资者将共同对沪港通标的的股票产生影响,因此,沪港通标的股票将会受到某种共同机制的调整,从而使得沪股通标的股票和港股通标的的股票存在长期均衡关系和共同趋势。在股票价格存在长期均衡关系的前提下,误差修正模型恰好是检验沪股通标的股票和港股通标的股票的价格在偏离均衡关系时向均衡价格调整的方向和速度的合适方法。

下面对误差修正模型做一概述：

菲利普斯（Phillips，1957）最先提出了误差修正的概念，戴维森等（Davidson 等，1978）将这一思想引入宏观经济学中。误差修正（VEC）模型是存在协整关系的非平稳时间序列的 VAR 模型，也就是说如果沪股通标的股票和港股通标的股票价格之间存在一个协整关系，则可以利用误差修正模型进一步对这两个时间序列的引领关系和向均衡价格的调整情况进行分析。误差修正模型的具体表达式可以表示为：

$$R_{1,t} = C_1 + \alpha_1 EC M_{1,t-1} + \sum_{i=1}^{p} A_{1,i} R_{1,t-i} + \sum_{i=1}^{p} B_{1,i} R_{2,t-i} + \varepsilon_{1,t} \tag{5-1}$$

$$R_{2,t} = C_2 + \alpha_2 EC M_{2,t-1} + \sum_{i=1}^{p} A_{2,i} R_{2,t-i} + \sum_{i=1}^{p} B_{2,i} R_{1,t-i} + \varepsilon_{2,t} \tag{5-2}$$

R 表示对数价格的一阶差分，也就是股价收益率，其中 $R_{1,t}$ 表示沪股通标的股票价格收益率，$R_{2,t}$ 表示港股通标的股票价格收益率；ECM 表示根据协整方程计算的误差修正项，误差修正项反映了变量之间偏离长期均衡关系的非均衡误差，而误差修正项前面的系数 α 就是调整参数，用于反映变量当期的变化回归到长期均衡关系或者消除非均衡误差的速度。如果 α 为负值，说明非均衡误差将会得到修正；如果 α 为正值，说明非均衡误差不仅得不到修正，而且误差会越来越大。另外，如果 $|\alpha_1| < |\alpha_2|$，则说明沪股通标的股票价格向均衡状态调整的速度较慢；反之亦然。ε 为残差项，服从正态分布。

（二）BEKK-GARCH 模型

大量的实证研究已经表明，金融时间序列由于其波动具有聚类性、时变性等特征，因此，对其波动比较适合用 GARCH 类模型来刻画，尽管大多数此类研究使用单变量 GARCH 模型，但是在研究多个市场或多种金融资产时，单变量模型由于其人为地割裂了研究变量之间的内在联系而分别构建模型，因此有很大的局限性。本章将使用恩格尔等（Engle 等，1995）提出的 BEKK 形式的多元 GARCH 模型来研究波动溢出效应，该模型相对复杂，有必要做一些说明。

根据式(5-1)和式(5-2)

设 $\varepsilon_t = \begin{pmatrix} \varepsilon_{1,t} \\ \varepsilon_{2,t} \end{pmatrix}$

对于金融时间序列而言,大量文献研究均表明上述残差项通常不满足独立同分布假定,而是服从二元条件正态分布,即:

$$\varepsilon_t \mid I_{t-1} \sim N(0, H_t) \tag{5-3}$$

那么,其二元 BEKK(1,1) 的形式设定如下:

$$H_t = CC' + A\varepsilon_{t-1}\varepsilon'_{t-1}A' + BH_{t-1}B' \tag{5-4}$$

上式中各项具体为:

$$H_t = \begin{pmatrix} h_{11,t} & h_{12,t} \\ h_{12,t} & h_{22,t} \end{pmatrix}, C = \begin{pmatrix} c_{11} & 0 \\ c_{21} & c_{22} \end{pmatrix}, A = \begin{pmatrix} \alpha_{11} & \alpha_{12} \\ \alpha_{21} & \alpha_{22} \end{pmatrix}, B = \begin{pmatrix} \beta_{11} & \beta_{12} \\ \beta_{21} & \beta_{22} \end{pmatrix}$$

式(5-4)为 BEKK 形式的多元 GARCH 形式的方差方程。H_t 为 2×2 维对称矩阵,表示条件残差在 t 时刻的方差协方差矩阵,C 为下三角常数矩阵,A 代表 ARCH 项的系数矩阵,B 代表 GARCH 项的系数矩阵,将式(5-4)展开得:

$$h_{11,t} = c_{21}^2 + \beta_{11}^2 h_{11,t-1} + 2\beta_{11}\beta_{12}h_{12,t-1} + \beta_{12}^2 h_{22,t-1} + \alpha_{11}^2\varepsilon_{1,t-1}^2 + 2\alpha_{11}\alpha_{12}\varepsilon_{1,t-1}$$
$$\varepsilon_{2,t-1} + \alpha_{12}^2\varepsilon_{2,t-1}^2 \tag{5-5}$$

$$h_{22,t} = c_{21}^2 + c_{22}^1\beta_{21}^2 h_{11,t-1} + 2\beta_{21}\beta_{22}h_{12,t-1} + \beta_{22}^2 h_{22,t-1} + \alpha_{21}^2\varepsilon_{1,t-1}^2 + 2\alpha_{11}\alpha_{22}$$
$$\varepsilon_{1,t-1}\varepsilon_{2,t-1} + \alpha_{22}^2\varepsilon_{2,t-1}^2 \tag{5-6}$$

$$h_{12,t}, h_{21,t} = c_{11}c_{21} + \beta_{11}\beta_{12}h_{11,t-1} + (\beta_{12}\beta_{21} + \beta_{11}\beta_{22})h_{12,t-1} + \beta_{21}\beta_{22}$$
$$h_{22,t-1} + \alpha_{11}\alpha_{12}\varepsilon_{1,t-1}^2 + (\alpha_{21}\alpha_{12} + \alpha_{11}\alpha_{22})\varepsilon_{1,t-1}\varepsilon_{2,t-1} + \alpha_{21}\alpha_{22}\varepsilon_{2,t-1}^2 \tag{5-7}$$

其中,$h_{11,t}$ 代表沪股通标的股票收益率的条件方差,$h_{22,t}$ 代表港股通标的股票收益率的条件方差,$h_{12,t}$ 和 $h_{21,t}$ 表示沪股通标的股票和港股通标的股票的条件协方差。

从式(5-5)可知,如果 $\alpha_{12} = 0$ 且 $\beta_{12} = 0$ 时,那么式(5-5)将变为

$$h_{11,t} = c_{11}^2 + \beta_{11}^2 h_{11,t-1} + \alpha_{11}^2 \varepsilon_{1,t-1}^2 \tag{5-8}$$

此时沪股通标的股票的条件方差仅受自身前期的波动和前期的残差平方的影响,也就是说,此时不存在港股通标的股票向沪股通标的股票的溢出效应;因此,检验沪股通标的股票对港股通标的股票是否存在波动溢出效应时,只要检验 $\alpha_{12} = 0, \beta_{12} = 0$ 即可。

二、 指数编制与样本数据

(一)研究对象说明

上证 A 股和香港股票价格如果存在某种领先—滞后关系的话,则这种关系将首先体现在沪股通标的股票价格和港股通标的股票价格的引领关系上。之所以这么说,首先,在沪港通制度实施后,沪港通标的股票和港股通标的股票均可以在两市进行交易,它们不仅能够让本地投资者进行买卖交易,还能让对方投资者进行买卖交易,这些股票的内在联动性会越来越强,彼此价格之间理应受到同一种内在机制或长期均衡趋势的作用,使它们呈现出某种关联关系。其次,由于沪股通标的股票中存在大量的在内地和香港同时上市的"A+H"股公司,投资者通常会试图通过一个市场的价格推测另一个市场的价格的变化,反过来,这种投资决策的结果又会进一步强化 A 股和 H 股价格的关联关系。但是只有在两地均发行股票公司的股价才具有在对方市场可参照的股价,而只在单一市场(A 股市场或 H 股市场)发行股票的公司则缺少这种对应的参照物。因此,分析沪股通标的股票价格和港股通标的股票价格之间的溢出效应对内地与香港市场的总体考察具有很强的参考价值。而且,由于这些标的股票在上海股票市场和香港股票市场中均占有较大权重,它们的变化在很大程度上反映了上海股票市场和香港股票市场的变化,所以,沪股通标的股票价格和港股通标的股票价格的关系在一定程度上也是两地市场关系的缩影。

(二)指数编制

本章研究沪港通制度实施后沪股通标的股票与港股通标的股票价格关系采用的指数编制方法具体如下:第一,研究样本选取在 2016 年 12 月 30 日之前成为沪股通标的股票和港股通标的股票作为指数计算的成分股;第二,同众多指数编制时所采取的方法一样,本章采用派许加权综合价格指数公式进行指数编制;第三,选择的基日为 2013 年 12 月 31 日,并将基日指数定为 1000,采用式(5-8)计算基日后各个交易日的指数。

指数编制公式如下:

$$当日指数 = 前一交易日收盘指数 \times \frac{\sum(成分股当日收盘价 \times 成分股权数)}{\sum(成分股前日收盘价 \times 成分股权数)}$$

$$(5-9)$$

式(5-9)的右侧,除前一交易日收盘指数由基日指数及后续计算所得,其余的数据,如成分股每日收盘价和成分股权数均来自 Wind 数据库。值得说明的是,分子项和分母项中的成分股权数均指成分股的流通股本数,因此,分子项表示样本成分股的当日流通市值之和,分母项表示样本成分股的前一交易日的流通市值之和。另外,由于在样本期间存在部分成分股的加入和剔除,本章的处理方式是如果股票是后续加入成分股中的,从加入的第二个交易日开始计入指数编制中,如果成分股在样本期间被剔除,从剔除的第二个交易日开始在指数编制中予以排除。通过上述公式可以得出沪股通标的股票加权平均价格指数和港股通标的股票加权平均价格指数。

(三)研究样本与统计描述

1.样本选择与数据处理

由于沪港通制度是 2014 年 11 月 17 日开始实施的,因此本章将开通当日作为研究样本的起始时间,并选择 2016 年 12 月 30 日为样本期的终止时间。

由于香港和上海股市的开市时间和休市时间存在差异以及两地的节假日时间并不完全相同,为了时间序列组的一致,本章在此处理上与第三章相同,首先将同一日期两个序列组的交易数据对齐,而对于某一指数序列因为节假日等休市存在缺失数据的情况,采取用其停牌前最近一个交易日的数据,把缺失的数据补齐,最终得到1078个样本数据。

在计算两个指数收益率序列时,本章首先计算编制指数的自然对数,然后再对其进行差分,得到的结果再乘以100,最终分别得到两个指数收益率序列,计算公式如下:

$$R_{i,t} = [\ln(P_{i,t}) - \ln(P_{i,t-1})] \times 100 \qquad (5-10)$$

式中,i可以取值为1或者取值为2,当$i=1$时,$P_{1,t}$表示沪股通标的股票价格指数,$R_{1,t}$表示沪股通标的股票价格指数收益率;当$i=2$时,$P_{2,t}$表示港股通标的股票价格指数,$R_{2,t}$表示港股通标的股票价格指数收益率。

后续实证部分均在Eviews8.0和Matlab7.0软件中完成。

2.描述性统计分析

首先对两个指数序列进行基本统计描述。从表5.1可以看出,无论是均值还是标准差,$P_{1,t}$均大于$P_{2,t}$,这说明沪股通标的股票的价格指数高于港股通标的股票价格指数,并且沪股通标的股票的价格变动幅度明显高于港股通标的股票。$P_{1,t}$和$P_{2,t}$的偏度均大于0,说明沪股通标的股票价格指数和港股通标的股票价格指数均呈现右偏状态,而两个指数序列的峰度都大于3,说明两个指数序列均呈现尖峰特征,不过从Jarque-Bera统计量的结果可以看出,沪股通标的股票价格指数和港股通标的股票价格指数均显著异于正态分布。另外,图5.1给出了整个样本期间沪股通标的股票指数和港股通标的股票指数随时间运动的轨迹,从中可以清楚地看到两地股票指数的走势总体上较为同步,并且沪股通标的股票价格指数高于港股通标的股票价格指数,从走势图也可看出,沪股通标的股票的波动幅度确实大于港股通标的股票。

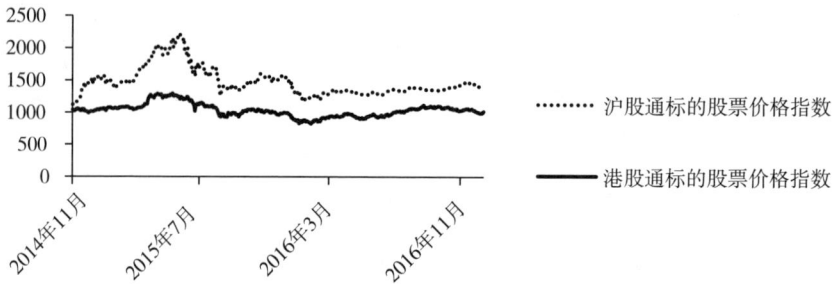

图 5.1　沪股通标的股票与港股通标的股票价格指数走势图

　　然后本章又对两个指数收益率序列进行基本统计描述。整个样本期内,沪股通标的股票价格指数收益率的平均值明显高于港股通标的股票价格指数收益率的平均值,同时沪股通标的股票价格指数收益率也具有较大的标准差,这说明相较于港股通标的股票,沪股通标的股票具有收益率较高的同时也伴随着较高的风险。由于两组指数收益率序列的偏度均小于 0,峰度均大于 3,则序列呈现左偏分布以及"高瘦"形状。Jarque-Bera 统计量结果显示,在 1% 显著水平下,沪股通标的股票和港股通标的股票价格指数收益率都显著异于正态分布。另外,对指数收益率序列 $R_{i,t}$ 及指数收益率平方序列 $R_{i,t}^2$ 随时间运动的轨迹进行描述,其中收益率序列 $R_{i,t}$ 表示指数收益率围绕均值水平的双向变动,能够大致反映指数收益率序列的波动程度,收益率平方序列 $R_{i,t}^2$ 表示指数收益率围绕均值水平的单向变动,能够大致反映指数收益率序列的波动方差,结果见图 5.2(a)、图 5.2(b)、图 5.3(a)以及图 5.3(b)。

　　通过对这些轨迹的考察可以清晰地看到,无论是沪股通标的股票价格指数收益率序列还是港股通标的股票价格指数收益率序列均出现了多个异常的峰值,收益率序列的波动具有一定的突发性和显著性,同时收益率序列中的异常波动具有明显的聚类现象,即在某个时间段异常波动常集中在一起,这种现象在沪股通标的股票价格指数收益率平方序列图和港股通标的

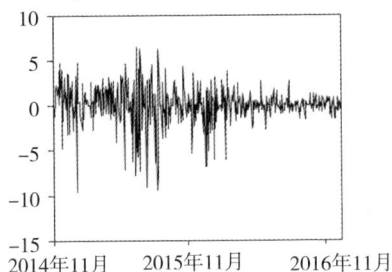

图 5.2（a）　沪股通收益率序列图　　图 5.2（b）　沪股通收益率平方序列图

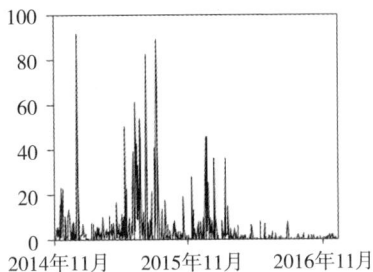

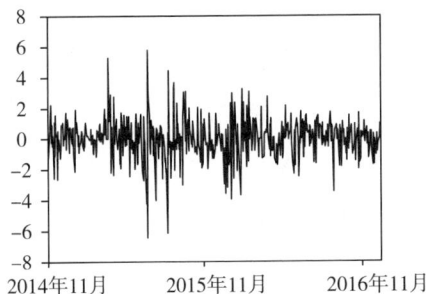

图 5.3（a）　港股通收益率序列图　　5.3（b）　港股通收益率平方序列图

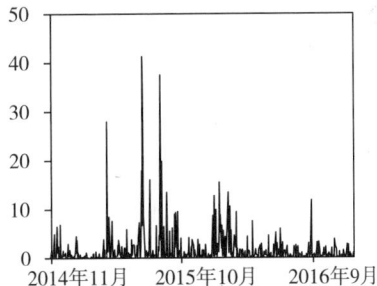

股票价格指数收益率平方序列图中表现尤为明显。因此可以初步判断指数收益率序列的波动性具有条件异方差的迹象,表明这些序列中出现的扰动不是白噪声过程。另外,对比沪股通与港股通标的股票价格指数收益率序列时发现,沪股通标的股票价格指数的波动频率和波动幅度均高于港股通标的股票,说明相对比沪股通标的股票,港股通标的股票价格指数序列的走势更为稳定。此外,无论是指数收益率序列图还是指数收益率平方序列图均可以看出,当沪股通标的股票价格指数出现几次异常值时,港股通标的股票价格指数相应也出现异常值,尤其在 2015 年后,两地的联动性表现得尤为突出,可以初步判断,沪股通标的股票和港股通标的股票的波动存在一定的溢出效应。

表 5.1　描述性统计特征

	均值	标准差	偏度	峰度	Jarque-Bera 统计量
$P_{1,t}$	1480.653	220.6850	1.4437	4.7079	252.7339***
$P_{2,t}$	1407.190	97.9544	0.6153	3.3299	36.4566***
$R_{1,t}$	0.0400	2.0080	-1.0526	7.5524	564.9660***
$R_{2,t}$	-0.0064	1.2881	-0.2442	6.4483	272.4120***

注：*** 表示在1%水平下显著。

3. 平稳性检验

为了考察指数序列和收益率序列的特征,本章分别对序列进行了平稳性检验。在进行单位根检验前,分别根据表5.2中的四个序列绘制曲线图来判断检验回归模型的形式。由图5.1所示,两个指数序列偏离零值波动,但是不具有明显的时间趋势,因此对 $P_{1,t}$ 和 $P_{2,t}$ 进行单位根检验时,选择含有截距项不含时间趋势的形式,而两个收益率序列都是围绕零值上下波动,所以对 $R_{1,t}$ 和 $R_{2,t}$ 进行单位根检验时,选择不含有截距项也不含有时间趋势的形式。检验结果显示,沪股通标的股票价格指数序列和港股通标的股票价格指数序列的 ADF 统计量和 PP 统计量都大于10%水平临界值,因此两个指数序列都是不平稳的。而对沪股通标的股票价格指数收益率序列和港股通标的股票价格指数收益率序列进行单位根检验时发现,ADF 统计量和PP 统计量都小于1%水平临界值,因此两个指数收益率序列均是平稳的。平稳性检验结果表明,可以直接对两个非平稳序列 $P_{1,t}$ 和 $P_{2,t}$ 进行协整关系检验,同时也可以直接对两个平稳序列 $R_{1,t}$ 和 $R_{2,t}$ 进行建模且不会出现伪回归问题。

表 5.2　平稳性检验

	$P_{1,t}$	$P_{2,t}$	$R_{1,t}$	$R_{2,t}$
ADF 统计量	-2.2436	-1.6107	-17.2522***	-21.5991**

续表

	$P_{1,t}$	$P_{2,t}$	$R_{1,t}$	$R_{2,t}$
PP 统计量	−2. 2803	−1. 6572	−21. 9404***	−21. 5736***
1%水平临界值	−3. 4423	−3. 4423	−3. 4423	−3. 4423
5%水平临界值	−2. 8667	−2. 8667	−2. 8667	−2. 8667
10%水平临界值	−2. 5696	−2. 5696	−2. 5696	−2. 5696
平稳性检验结果	不平稳	不平稳	平稳	平稳

注: ** 表示在5%水平下显著, *** 表示在1%水平下显著。

三、 实证研究结果与分析

在实证分析部分,本章将利用前文所介绍的研究方法对沪股通标的股票价格和港股通标的股票价格的引导关系进行考察。各模型的检验结果及分析如下。

(一)均值溢出检验

由于误差修正模型仅仅能够应用于存在协整关系的变量序列,因此在利用误差修正模型对沪股通标的股票价格和港股通标的股票价格进行均值溢出检验前需要进行协整关系检验。本章分别对 Johnson 协整检验中的五种模型进行了考察,如表5.3所示,无论利用何种模型,当原假设为不存在协整关系时,迹统计量均大于5%水平临界值,并且最大特征根统计量也大于5%水平临界值,对应的原假设被拒绝;当原假设为存在一个协整关系时,迹统计量均小于5%水平临界值,同时最大特征根统计量也小于5%水平临界值,接受原假设。所以沪股通标的股票价格指数与港股通标的股票价格指数之间存在协整关系。这表明,尽管短期上沪股通标的股票走势或者港股通标的股票走势可能偏离均衡状态,但是随着时间的推移,两个指数序列终将走向均衡,因此从长远看来,两个指数序列存在长期均衡关系。

表 5.3　协整关系检验结果

模型	原假设	迹统计量	5%水平临界值	相伴概率	最大特征根统计量	5%水平临界值	相伴概率	是否拒绝原假设
1	$r=0$	15.8899	12.3209	0.0121	15.8681	11.2248	0.0072	拒绝
	$r=1$	0.02179	4.1299	0.9040	0.02179	4.1299	0.9040	接受
2	$r=0$	20.3062	20.2618	0.0493	17.5584	15.8921	0.0272	拒绝
	$r=1$	2.7478	9.1645	0.6288	2.7478	9.1645	0.6288	接受
3	$r=0$	19.9921	15.4947	0.0098	17.2465	14.2646	0.0164	拒绝
	$r=1$	2.7457	3.8415	0.09750	2.7457	3.8415	0.0975	接受
4	$r=0$	29.3006	25.8721	0.0180	26.1296	19.3870	0.0045	拒绝
	$r=1$	3.1710	12.5180	0.8556	3.1710	12.5180	0.8556	接受
5	$r=0$	27.6937	18.3977	0.0019	24.5253	17.1477	0.0035	拒绝
	$r=1$	3.1684	3.8415	0.0751	3.1684	3.8415	0.0751	接受

注:模型 1 为序列无确定趋势,协整方程无常数项;模型 2 为序列无确定趋势,协整方程有常数项;模型 3 为序列有确定性线性趋势,但协整方程只有截距;模型 4 为序列有线性确定趋势,协整方程也有线性趋势;模型 5 为序列有二次趋势,协整方程有线性趋势。

由于两个指数序列存在协整关系,本章进一步对利用误差修正模型来分析沪股通标的股票和港股通标的股票之间的均值溢出效应。从表 5.4 的估计结果可以看出,两个方程的误差修正项($CointEq1$)均为负数,说明尽管沪股通标的股票和港股通标的股票价格走势会偏离均衡状态,但是偏离非均衡误差都能得到修正。对比误差修正项系数,沪股通标的股票的误差修正项系数的绝对值要大于港股通标的股票,而绝对值越大则对本期误差修正作用力越强,这表明沪股通标的股票向均衡状态调整的速度快于港股通标的股票向均衡状态调整的速度。

表 5.4　误差修正模型估计结果

	c	*CointEq*1	$R_{1,t-1}$	$R_{1,t-2}$	$R_{2,t-1}$	$R_{2,t-2}$
$R_{1,t}$	0.0005 (0.0009) [0.5678]	−0.0422 (0.0114) [−3.6993]	0.0186 (0.0509) [0.3656]	−0.1106 (0.0510) [−2.1694]	0.0856 (0.0800) [1.0700]	0.1272 (0.1217) [1.1572]
$R_{2,t}$	0.00003 (0.0006) [0.0584]	−0.0022 (0.0074) [−0.2902]	−0.0523 (0.0331) [−1.5801]	−0.0365 (0.0332) [−1.5801]	0.1110 (0.0520) [2.1351]	−0.0065 (0.0520) [−0.1245]

注:( )内为相应参数估计量的标准差,[ ]内为相应参数估计量的 t 统计量。

(二)波动溢出检验

本章利用 BEKK-GARCH 模型对沪股通标的股票和港股通标的股票的指数收益率波动之间的波动溢出效应进行检验。在建立多元 GARCH 模型前,先进行 ARCH 效应检验,如果两个指数收益率序列存在 ARCH 效应,则可以建立二元 BEKK-MGARCH 模型。

ARCH 效应检验主要有三种方法:第一,图示检验,通过观察残差序列时序图是否出现波动集聚现象来判断是否存在 ARCH 效应;第二,自相关函数检验,根据残差平方序列的自相关图和由自相关函数值计算的 Q 统计量判断是否存在 ARCH 效应;第三,ARCH-LM 检验,通过输出 F 统计量及卡方统计量来判断是否存在 ARCH 效应。由于前两种方法都需要观察图示,可能混有观察者的主观性,观察结果不够准确,因此本章利用 ARCH-LM 检验直接进行检验。

表 5.5　ARCH 效应检验结果

	F 统计量	相伴概率	R-squared	相伴概率
沪股通标的股票市场	6.9366	0.0000	50.9938	0.0000
港股通标的股票市场	8.4165	0.0000	60.6222	0.0000

检验结果如表 5.5 所示,无论是沪股通标的股票还是港股通标的股票,F 统计量和 R-squared 统计量的相伴概率值都小于 0.05,拒绝回归模型不存在 ARCH 效应的原假设,说明两个指数收益率残差具有显著的 ARCH 效应,因此可以建立 BEKK-GARCH 模型考察沪股通标的股票与港股通标的股票之间的波动溢出效应。

表 5.6 为 BEKK 方差方程的估计结果,可以看出 ARCH 项系数矩阵 $A = \begin{pmatrix} \alpha_{11} & \alpha_{12} \\ \alpha_{21} & \alpha_{22} \end{pmatrix}$ 中,对角元素 α_{11} 和 α_{22} 均在 1% 水平显著;GARCH 项系数矩阵, $B = \begin{pmatrix} \beta_{11} & \beta_{12} \\ \beta_{21} & \beta_{22} \end{pmatrix}$ 中,对角元素 β_{11} 和 β_{22} 也在 1% 水平显著,说明沪股通标的股票和港股通标的股票的波动均明显受到自身前期波动的影响。并且通过计算可知 α_{11}^2 与 β_{11}^2 之和非常接近于 1, α_{22}^2 与 β_{22}^2 之和也非常接近于 1,这表明沪股通标的股票价格指数收益率和港股通标的股票价格指数收益率的波动都具有较强的集簇性,这与前文描述性统计所得的结果一致。α_{12} 和 β_{12} 表示港股通标的股票向沪股通标的股票的波动溢出, α_{21} 和 β_{21} 表示沪股通标的股票向港股通标的股票的波动溢出。由于 α_{12} 和 β_{12} 均在 1% 水平上显著,说明港股通标的股票价格指数收益率的波动对沪股通标的股票价格指数收益率的波动具有显著的溢出效应,而 α_{21} 在 1% 水平上显著, β_{21} 在 10% 水平上显著,表明沪股通标的股票价格指数收益率的波动对港股通标的股票价格指数收益率的波动也具有较为显著的溢出效应,这说明沪股通标的股票市场和港股通标的股票市场存在双向波动溢出效应。

表 5.6   波动溢出效应检验结果

$A : \begin{pmatrix} \alpha_{11} & \alpha_{12} \\ \alpha_{21} & \alpha_{22} \end{pmatrix}$	$\begin{pmatrix} 0.2815^{***} & 0.3535^{***} \\ -0.0018^{***} & 0.3376^{***} \end{pmatrix}$

$A:\begin{pmatrix} \alpha_{11} & \alpha_{12} \\ \alpha_{21} & \alpha_{22} \end{pmatrix}$	$\begin{pmatrix} 0.2815^{***} & 0.3535^{***} \\ -0.0018^{***} & 0.3376^{***} \end{pmatrix}$
$B:\begin{pmatrix} \beta_{11} & \beta_{12} \\ \beta_{21} & \beta_{22} \end{pmatrix}$	$\begin{pmatrix} 0.9572^{***} & -0.0279^{***} \\ 0.0039^{*} & 0.8887^{***} \end{pmatrix}$
$C:\begin{pmatrix} c_{11} & c_{12} \\ c_{21} & c_{22} \end{pmatrix}$	$\begin{pmatrix} 0.0225^{**} & 0 \\ 0.0520^{*} & 0.1573^{***} \end{pmatrix}$

注: * 表示在 10% 水平下显著, ** 表示在 5% 水平下显著, *** 表示在 1% 水平下显著。

本章小结

本章选取沪港通制度标的股票作为研究对象,将沪股通标的股票和港股通标的股票分别作为一个组合,利用每只股票的流通股作为权数,采用派许加权综合价格指数公式编制价格指数作为沪股通标的股票价格和港股通标的股票价格。利用误差修正模型和 BEKK-GARCH 模型从均值和波动性两个方面对沪股通标的股票和港股通标的股票的信息传导效应进行考察。

均值溢出检验的结果显示:沪港通制度开通后,虽然沪股通标的股票价格走势和港股通标的股票价格走势还存在一些差异,但它们之间却存在长期稳定的均衡关系。利用误差修正模型对其进行检验时发现,当沪股通标的股票价格和港股通标的股票价格偏离均衡状态时,它们的非均衡误差能够得到修正,这说明尽管沪股通标的股票价格或者港股通标的股票价格有时可能偏离均衡,但这种偏离只是暂时的,它们终将受到长期均衡关系的影响,不断减少各自偏离值,最终走向均衡状态。另外,从误差修正项系数绝对值的大小来看,沪股通标的股票向均衡状态的调整速度快于港股通标的股票向均衡状态调整的速度。

波动溢出效应检验的结果显示:沪港通制度开通后,就单个市场而言,沪股通标的股票和港股通标的股票的波动均具有显著地受到来自自身前期波动的影响,波动的持久性和聚类性特征显著,而对沪股通标的股票和港股通标的股票之间的波动性的引导关系上,两者之间存在双向波动溢出,不过从研究结果还可以看出,港股通标的股票向沪股通标的股票的波动溢出效应强于沪股通标的股票向港股通标的股票的波动溢出效应。

由于信息传导方向与风险传导方向密切相关,因此,通过上述溢出效应的考察,本章可以得到另外一个结论,即在风险传导上,主要表现为港股通标的股票向沪股通标的股票的传播速度要快于沪股通标的股票向港股通标的股票的传播速度。这显然与两地市场媒体的发育程度、政府对媒体的管制、市场监管部门对上市公司信息披露要求和监管力度具有密切的关系。而在这几个方面,香港股市明显比内地股市要完善得多,这一客观事实与本章的实证研究结果完全一致。

第六章　沪港通制度对股票市场定价效率的影响研究

本章导读

　　提高金融市场的资源配置效率既是证券市场发展的核心议题,也是政府监管部门各项改革政策的初衷。鉴于资源配置效率是由定价效率来实现的,因此通过检验证券市场定价效率可以对政策效果进行评价。沪港通制度作为我国股票市场一项重要的制度创新,其实施的最终目标就是以相互融通倒逼沪市缩小与香港等发达市场的差距,重塑市场定价机制及资源配置功能,促进A股市场健康持续发展。那么已经开通多年的沪港通制度是否达到最终目标,即是否提高了我国股票市场的定价效率呢? 显然这一研究不仅能检验沪港通制度的实施效果,还能为政府在对我国股票市场制定相关政策时提供数据支持和对策建议,因此从定价效率方面考察沪港通制度对我国股票市场的影响很有必要。本章结构如下:第一部分为问题的提出,指出沪港通制度对股票市场定价效率的影响;第二部分为文献回顾和理论分析,主要对股票市场开放对市场定价效率影响的相关研究进行回顾;第三部分是实证分析,包括研究设计、实证结果及进一步分析。

第一节　沪港通制度对股票市场定价效率的影响

实现金融资源的优化配置是股票市场的核心功能(Merton,1990),也是各国政府证券管理部门制定各种改革政策的最终目的。而反过来,通过检验市场效率是否得到了有效的提升,又可以对政策效果进行评价。从理论上讲,股票市场引导金融资源的配置是通过股票价格的信号功能来完成的,要成功地实现这一基本功能,股票价格就必须能够对公司内在价值信息进行准确地反应,即股票定价是有效率的,因此,股票市场的资源配置效率是由股票的定价效率决定的。有鉴于此,定价效率事实上就等同于资源配置效率,这正是国内外大多数研究者把市场定价效率视同为股票市场效率的根本原因。本章针对我国政府推出的沪港通制度实施效果的考察正是基于此逻辑思路。沪港通制度是2014年11月17日我国政府监管部门推出的一项重大的制度创新,该制度实施几年来,其经济效果到底如何,现有文献却鲜有提及。从沪港通制度推出的背景上看,尽管有着多重目标,但就该制度安排的本质而言,无外乎就是通过降低内地股市与外部市场的分割程度,进而提高市场间一体化水平,并最终实现提升市场定价效率和资源配置效率的目的,因此,以定价效率作为研究视角无疑是一个合理的选择。

关于股票市场定价效率的早期研究主要集中于考察股票价格对公司内在价值信息反应程度,而揭开二者之间关系的开创性研究正是法玛1970年提出的有效市场假说。在法玛看来,如果没有影响公司基本价值的消息变化,也就不会有证券价格的变化,而且,当事关某种证券基本价值的消息传播到市场上时,如果该证券价格能够快速准确地作出反应,那么这个市场就是有效市场。法玛进一步根据股价对反应的信息类型,即历史的、现在已公开的、未来的,将效率市场分为弱式有效、半强式有效、强式有效三种类型。有效市场假说提出之后,引发了大量的实证研究,其研究方法多使用事件研究法,即针对某一事件(如公司兼并公告、盈利公告、股利分配公告等)的冲击,股票价格是否存在显著的累积异常收益率,并进而判断效率市场的类型。此后,一些学者跳出了有效市场假说的框架而另辟蹊径,从股票价格对公司特定信息和市场公共信息的不同反应程度来研究定价效率,如罗尔(Roll,1988)、兰达尔·莫克洋(Randall Morck,2000)指出某一股票价格既是市场公共信息的反应,同时也是企业特定信息的反应,两种信息被资本化成股票价格的相对程度决定了市场中各股票价格的运动特征。并且认为通过判断股票价格的运动特征可以揭示股价中所包含的信息特征。当股票价格中包含了较多的市场信息,而包含了较少的企业信息时,股价的同步性程度就较高,价格引导资源配置的信号功能就较弱,反之则反是。而利用股票价格对公司未来会计盈余信息反应程度(即未来盈余反应系数,future-earnings response coefficient,简称FERC)来考察定价效率也是研究者关注的一个重点。如 Ayers 和 Freeman(2003)、朱红军等(2007)、Crawford 等(2011)均采用未来盈余反应系数对股票定价效率进行了研究,并且发现定价效率显著地受市场参与主体的影响,此外,盖尔布和扎罗文(Gelb 和 Zarowin,2002)、隆多姆和迈尔斯(Lundholm 和 Myers,2002)、埃特雷奇等(Ettredge 等,2005)、奥普特和臧(Orpurt 和 Zang,2009)、崔等(Choi 等,2011)的研究发现,未来盈余反应系数还与公司的披露政策有关。采用股票价格对未来会计盈余信息反应来度量市场的定价效率有一个显著的优点,即该方法事实上与传统金融学中的资产定价理论一脉相承,资产定价理论中的现金流贴现定价模型认为,资产的内在价值是持有资产人在未来时期接收的现金流所决定的。股票作为一项金融资产,根据资产定价理论,股票价格应该等于企业未来会计盈余的现值。所以股票价格对公司未来会计盈余反应程度越高,其股价的定价效率越高,相应地,未来盈余反应系数也会越高。

本章采用未来盈余反应系数的视角和双重差分模型对沪港通制度实施效果进行了考察,研究发现,在研究的样本期内,沪港通制度的实施并没有对沪股通标的股票未来会计盈余系数的提高产生显著作用,相反,却在整体上降低了未来会计盈余系数。此外,本章还利用股价对未来现金流反应能力做了一个相互佐证的检验,结果也得到了类似的结果,这说明沪港通制度的实施至少到目前为止还没有达到提升内地股市定价效率的预期效果。对于这一结果产生的原因,本章认为,尽管在沪港通制度推出之初,业界普遍乐观预期沪港通制度作为上海和香港两个股票市场交易互联互通机制,有助于为沪市引入更多新的机构投资者、资金流(所谓活水)以及更加成熟的投资理念,进而提升股票的定价效率。但从实际情况看,效果并不理想,香港投资者通过沪港通制度投资沪市股票的积极性并不高,而且沪港两地市场资金流动的不对称现象极为突出,沪市的场内资金呈现出持续净流出状况,并在一定程度上导致了场内交易积极性下降、资金面紧张等问题,而已有的研究已经表明,流动性下降是不利于市场定价效率提高的。此外,本章的研究还发现,大量的资金流出沪市进入港股市场,对香港股票市场股指上行、市场活跃度提高以及市场效率提升却有着显著的作用。然而,综合来看,一项制度的实施导致了一方收益而另一方受损,这显然不是帕累托改进,更不可能达到帕累托最优。因此,试图简单地借助外部因素来改变内地市场与国际市场发展水平的差异,提升内地市场的定价效率,可能未必会达到理想的效果,切实完善自身市场的制度建设和提升国内投资者保护水平可能更切实际,虽然任重道远,但却是必由之路。

本章的贡献主要有两点:首先,本书以定价效率的角度对沪港通制度实施的经济效果进行了实证考察,这既是对现有研究欠缺的一个有益补充,也为后续研究做了一个铺垫;其次,着眼于用定价效率这一市场最根本的功能对制度安排进行评价,可以为证券监管部门对政策实施情况准确把握提供经验依据,并且进一步分析还表明沪港两地投资者投资行为和理念的差异与其说是投资者结构之间的差异所致,倒不如说是市场制度环境使然更为准确,因此加强内地股市制度环境建设和提升公司治理水平应该被放在更加重要的位置。

第二节 股票市场开放对市场定价
效率影响的相关研究

关于股票市场开放对市场定价效率影响的研究由来已久,时至今日仍然存在一定的争议。总体而言,赞成者居多,但又不乏一些质疑之声。米勒(Miller,1977)、施莱弗和维什尼(Shleifer 和 Vishny,1997)等金融学家通过建立经济模型研究了股票市场开放对股票定价效率的影响,在他们看来,股票市场开放能促使国外更多的理性投资者进入股票市场表达自己的观点和信息,从而股票价格能反应较多的理性信息,因此股票价格能够较为准确地反应其价值。与此类似,施皮格尔和苏布拉马尼亚姆(Spiegel 和 Subrahmanyam,1992)对股票市场的定价效率的研究也指出,开放股票市场不仅能够使得更多的理性投资者进入市场,还能增加信息传导速度,从而提高股票市场的定价效率。此外,奥戴思、巴伯和奥戴思(Odean、Barber 和 Odean,2003)的研究还发现,开放股票市场能够提升投资者的乐观情绪,即便股票出现下跌时,也能降低投资者不良情绪的产生,市场信息仍然能够较快地在股票市场中传导,因此开放股票市场能够阻止市场下跌对定价效率产生的冲击。不过也有学者对此提出了质疑,布伦纳迈尔和佩德森(Brunnermeier 和 Pedersen,2005)认为开放股票市场同时可能会使得股票市场的资金外流,导致本国股票市场的流动性降低,从而影响定价效率。戈尔茨坦和京贝洋(Goldstein 和 Guembel,2008)的理论研究显示,开放股票市场可能使得股票市场形成新的操纵价格行为,从而降低股票市场的定价效率。

由于市场开放势必涉及制度创新,关于消除市场分割壁垒的制度创新对市场效率的研究中,丹尼尔森和索雷斯库(Danielsen 和 Sorescu,2001)认为消除制度壁垒的创新有助于提高市场间的信息传导速度,从而提高股票定价效率。同时亦有学者认为开放股票市场能够稳定市场、修正错误定价等,从而对股票市场的信息效率有促进作用。另外,部分学者认为有关开放股票市场方面的金融组织制度和金融监管制度创新对资产价格效率的影响并不明确,比如亚历山大和彼得森(Alexander 和 Peterson,2008)针对美国股票市场的信息效率的实证研究中发现,开放股票市场并不能改善股票定价的信息效率。

国内学者关于沪港通制度对两地上市影响的研究还很少。仅有的几篇研究则主要考察该制度对两地市场联动性的影响(陈九生等,2017;王梓淇,2016),对公司治理的影响(王倩等,2016),还缺乏从定价效率角度考察沪港通制度实施效果的文献。

第三节　股票价格对未来盈余反应能力的实证分析

一、　研究设计

(一)研究方法

本章基于双重差分法并结合前人的研究构建了实证模型。之所以采用双重差分法是因为该方法是考察政策实施效果的一个非常有效的工具。双重差分模型(difference-in-differences,简称 DID),是基于反事实逻辑提出的一种方法。对于受政策影响的样本组(treatment group,简称"实验组"或"处理组"),如果仅仅将政策实施后研究对象的样本均值减去政策实施前的样本均值视为政策效应(相当于一重差分),则该效应中必然包括纯粹的时间效应。① 只有把时间效应剔除后才是真正的政策实施效果。但如果能够找到一个适当的且

---

① 所谓时间效应就是设想在没有政策实施的情况下,考察变量在该时点(对应于政策实施的时间点)样本均值的前后变化,这个样本均值就是时间效应。但是由于该设想是与实际事实不相符的,因此是一个反事实情况。

不受该政策影响的样本组(称为控制组 control group)作为实验组的反事实(counter factual)参照系,该未受政策影响的控制组之前后变化被视为纯粹的时间效应,即该样本组在政策实施点前后样本均值相减(也为一重差分)即为时间效应。最后将实验组在政策实施前后变化(一重差分)减去控制组前后变化(时间效应)等到的结果(即二重差分估计量)就是该政策的真实效应,亦即处理效应(treatment effects)。该二重差分思想可以用一个包含实验组虚拟变量和实验期虚拟变量的线性回归模型表示,比如 $y_{it} = \beta_0 + \beta_1 G_i + \gamma D_t + \beta_2 G_i D_t + \varepsilon_{it}$,其中 G_i 为分组虚拟变量(实验组=1,控制组=0),D_t 为分期虚拟变量(政策实施后=1,政策实施前=0),交互项 $G_i D_t$ 的估计值就是政策实施的效应,该估计量也等于前述的二重差分估计量,即:

$$[E(y_{it} / G_i = 1, D_t = 1) - E(y_{it} / G_i = 1, D_t = 0)] -$$
$$[E(y_{it} / G_i = 0, D_t = 1) - E(y_{it} / G_i = 0, D_t = 0)]$$
$$= [(\beta_0 + \beta_1 + \gamma + \beta_2) - (\beta_0 + \beta_1)] - [(\beta_0 - \gamma) - (\beta_0)] = \beta_2 \quad (6\text{-}1)$$

双重差分法的优点是它同时控制了分组效应(group-specific effects)和时间效应(time-specific effects),而且,通过第二次差分可以排除其他可能影响考察变量变动的因素。鉴于本书的目的主要是考察股票价格(用收益率表示)对公司未来盈余反应能力,不易简单地套用双重差分模型,因此我们借鉴了柯林斯等(Collins 等,1994)及伦德霍姆和迈尔斯(Lundholm 和 Myers,2002)的研究,利用分组虚拟变量与分期虚拟变量的交互项来控制时间效应和分组效应,并乘以收益率,以期考察股价对盈余的反应。为了直观起见,本章用 *list* 和 *post* 分别表示分组虚拟变量和分期虚拟变量。

(二)实证模型构建

借鉴柯林斯等(1994)及伦德霍姆和迈尔斯(2002)的研究,把股价当期回报解释变量,把公司未来会计盈余作为被解释变量。但在柯林斯等及伦德霍姆及迈尔斯的研究模型中,未来会计盈余使用的是未来三期的会计盈余之和作为其代理变量,由于本书考虑到沪港通制度开通时间有限,为了保证具有足够的样本数据,本章使用未来一年的会计盈余作为未来会计盈余的代理变量,因此构造了如下双重差分模型:

$$X_{i,t+1} = \alpha_0 + \alpha_1 R_{i,t} + \alpha_2 List_i + \alpha_3 List_i \times R_{i,t} + \alpha_4 List_i \times Post_t \times R_{i,t} +$$

$$\theta \sum Control_{i,t} \times R_{i,t} + \varepsilon_{i,t} \tag{6-2}$$

其中,$X_{i,t+1}$ 表示公司的未来会计盈余水平,其值等于 $t+1$ 期的净利润与期初总资产之比;$R_{i,t}$ 表示股票回报,其值等于 t 期的股票收益率;$List_i$ 是虚拟变量,沪港通标的股票取值为 1,否则为 0;$Post_t$ 也是虚拟变量,标的股票在沪港通制度开通后取值为 1,沪港通制度开通前取值为 0。在模型(6-2)中本书将是否为沪港通标的股票这个虚拟变量 list 纳入模型中,主要是可以将标的股票和非标的股票进行对照考察和分析,并以此排除样本期间其他政策因素的影响。模型(6-2)中最重要的是交互项 $\alpha_4 List_i \times Post_t \times R_{i,t}$,如果其回归系数 α_4 的值是正数,且通过显著性检验,则说明股票价格对于公司未来盈利水平的预测能够提供有用的信息,股价定价效率高。

在模型(6-2)中,$Control_{i,t}$ 代表控制变量,包括公司规模 $Size_{i,t}$、企业市值与总资产的比值 $Lev_{i,t}$、盈利成长性 $Growth_{i,t}$ 以及换手率 $Turnover_{i,t}$,对于 $Size$、Lev 和 $Growth$ 三个控制变量不用过多解释,这在大多数实证模型中常被引入,而换手率 $Turnover$ 之所以引入模型中,因为在萨卡和谢尔比纳(Sadka 和 Scherbina,2007)看来,股票的换手率与其定价效率具有相关关系,较低的换手率使得股票市场保持较为稳定的状态,知情交易者能够获得更多准确的价格信息,提高了股票市场的定价效率。另外,借鉴德雷克等(Drake 等,2015)的研究,也对每个控制变量都乘上了股价收益率,因为在他们看来,这样更加全面地考察了当期股价对未来盈余的反应情况。

此外,有研究表明,会计盈余持续性是影响盈余反应系数与投资者预期的重要因素(如 Subramanyam 和 Wild,1966;Francis 等,2004),而盈余的持续性可以利用未来盈余的变动,即 $\Delta X_{i,t+1}$ 来表示。因此,为了考察沪港通制度实施前后股票价格对未来盈余持续性(即未来会计盈余变动)反应程度的变化,本章将被解释变量设为 $\Delta X_{i,t+1}$,重新构造了模型(6-3):

$$\Delta X_{i,t+1} = \beta_0 + \beta_1 R_{i,t} + \beta_2 List_i + \beta_3 List_i \times R_{i,t} + \beta_4 List_i \times Post_t \times R_{i,t} +$$

$$\vartheta \sum Control_{i,t} + \theta \sum Control_{i,t} \times R_{i,t} + \varepsilon_{i,t} \tag{6-3}$$

其中, $\Delta X_{i,t+1}$ 表示未来会计盈余变动,代表盈利持续性,其值等于 $t+1$ 期未来会计盈余水平与 t 期未来会计盈余水平之差;其他变量与模型(6-2)含义相同。在实证检验中,主要考察模型(6-3)的交互项 $\beta_4 List_i \times Post_t \times R_{i,t}$ 的系数,以考察沪股通标的股票的价格对未来盈余变化的反应情况。

(三)样本选取与数据来源

本章所用的上市公司股价行情数据和财务数据分别来自香港交易所网站、上海证券交易所网站和锐思数据库(RESSET)。在利用"股价回报—未来盈余"敏感性考察沪港通制度对上海股票市场定价效率影响的实证分析中,将沪股通标的股票作为实验组,将剩余的上证A股股票作为对照组。采用实验组和对照组进行研究有一个好处就是可以对照性地观察某项具体政策的影响情况,已排除在研究样本期其他政策的影响。在两组样本中剔除金融类公司和数据有严重缺失的公司,最终得到2013—2016年共计3764个研究样本。此外,在进一步检验中,本书选取沪港通首批公布的268只港股通标的股票,剔除金融类公司以及数据有严重缺失的公司,剩余217只股票作为研究样本,最终得到2013—2016年共计868个研究样本。

另外,由于本章关注的是沪港通制度的实施效果,即未来盈余反应系数(FERC)在沪港通制度实施前后的变化,考虑到我国证监会要求上市公司在每年4月末之前披露上一年度财务报告,因此本章采用 t 年5月至 $t+1$ 年4月末之间的股票收益数据来反映公司 t 年的股票收益率。

二、 股票价格对未来盈余反应能力的实证结果

（一）描述性统计

表6.1分别给出了沪股通标的股票、非沪股通标的股票以及全样本在沪港通开通前后相关变量的描述性统计。在沪港通制度开通后,沪股通标的股票的未来会计盈余、盈余持续性、未来现金流与沪港通开通前相比,均有所降低,但是沪股通标的股票的股票收益率却在沪港通开通后得到提升,而非沪股通标的股票却与之不同,在沪港通制度实施后,无论是未来会计盈余、盈余持续性还是未来现金流都得到提升,因此,从这两组数据的直观观察看,沪股通对其直接影响的沪市标的公司并没有表现出更多的正向影响;从虚拟变量 *List* 的全样本均值可以知道,有50.16%左右的样本公司进入了沪股通标的名单;从公司规模上看,无论是沪港通制度开通前还是沪港通制度开通后,沪股通标的股票的公司规模均大于非沪股通标的股票,在资产负债率方面,无论是均值还是中位数,沪股通标的股票的资产负债率均显著小于非沪股通标的股票,即沪股通公司基本上为一些优质大盘股,这表明在该项制度设计时只是将大型优质公司考虑在内,而把小盘股公司排除在外;从换手率的均值和中位数上看,沪股通开通前后,标的股票年换手率小于非沪股通标的股票,这说明沪市小盘股一直比大盘股活跃,而在沪港通制度实施后,无论是标的股票还是非标的股票的换手率均有所提高,但变化幅度基本相同。

表 6.1　描述性统计

		沪港通制度开通前			沪港通制度开通后		
		标的股票	非标的股票	全样本	标的股票	非标的股票	全样本
$X_{i,t+1}$	均值	0.0616	0.0072	0.0345	0.0496	0.0095	0.0296
	中位数	0.0434	0.0132	0.0266	0.0363	0.0153	0.0246

续表

		沪港通制度开通前			沪港通制度开通后		
		标的股票	非标的股票	全样本	标的股票	非标的股票	全样本
$\Delta X_{i,t+1}$	均值	−0.0041	−0.0011	−0.0026	−0.0061	−0.0116	−0.0089
	中位数	−0.0019	−0.0046	−0.0028	−0.0010	−0.0002	−0.0009
$CF_{i,t+1}$	均值	0.0652	0.0346	0.0500	0.0592	0.0069	0.0331
	中位数	0.0596	0.0290	0.0458	0.0624	0.0319	0.0477
R	均值	0.3788	0.2593	0.3192	0.4215	0.6005	0.5107
	中位数	0.2971	0.1990	0.2437	0.3019	0.4543	0.3962
$List$	均值	1.0000	0.0000	0.5016	1.0000	0.0000	0.5016
	中位数	1.0000	0.0000	1.0000	1.0000	0.0000	1.0000
$Size$	均值	23.5173	21.9007	22.7103	23.8017	22.0443	22.9258
	中位数	23.2285	21.8817	22.4840	23.4740	22.0340	22.7461
$Turnover$	均值	3.8099	4.4497	4.1293	7.2440	8.7631	8.0012
	中位数	3.2028	2.8270	3.5043	6.5505	8.4478	7.4607
Lev	均值	0.5475	58.6312	29.5420	0.5388	51.4043	25.8901
	中位数	0.5506	53.2911	0.9664	0.5358	49.8962	0.9401
$Growth$	均值	0.1374	−3.0523	−0.1455	0.1383	−5.3984	−2.6212
	中位数	0.1047	−0.0217	0.0815	0.0531	−0.2121	1.6577

（二）面板数据模型的实证检验

由于描述性统计只是将单个变量进行考察,缺乏系统性的研究,只能作为初步判断的依据,因此,本章进一步对上述样本数据采用双重差分模型进行了研究。

为了考察沪港通制度的实施对于上海股票市场定价效率的影响,首先从当前的股票回报对未来会计盈余反应程度的角度进行研究,未来会计盈余系

数就代表了股票市场定价效率。实证检验结果如表 6.2 所示,$List×R$ 的系数
显著为正,这说明相较于非沪股通标的股票,沪股通标的股票本身的定价效率
较高,这一点不难理解,因为在中国股市中,一些业绩优、规模大、成长性好的
公司股票大部分被投资基金、QFII 及价值型个人投资者持有,此类优质大盘
股的估值水平基本与国际市场接轨,具有较高的定价效率;而 $List×Post×R$ 的
系数为-0.0142,小于 0,但相伴概率为 0.1226,过大,这说明拒绝原假设犯错
误的概率达到了 12.26%,如果把检验的显著水平定位 5%或 10%,$List×Post×R$
的系数将不能通过显著性检验,但如果将显著水平放宽至 13%则能通过显著
性检验。由此,本书可以肯定地说,在沪港通制度实施以后,沪股通标的股票
的当期回报对未来会计盈余的反应能力并没有显著提高,或者说,在一定程度
上(即置信度为 87%)降低了股价对未来盈余的反应系数,这显然同沪港通制
度的预期相背离。此外,从其他解释变量的回归结果看,公司规模和换手率对
未来会计盈余系数具有显著的负影响,而资产负债率和企业盈利能力对未来
会计盈余系数具有显著的正影响。

表 6.2　沪港通的实施与"股价回报—未来盈余"的回归结果

	回归系数	标准差	相伴概率
R	0.2822[***]	0.0484	0.0000
$List×R$	0.1408[***]	0.0107	0.0000
$List×Post×R$	−0.0142	0.0092	0.1226
$Size×R$	−0.0150[***]	0.0021	0.0000
$Turnover×R$	−0.0003[***]	0.0001	0.0013
$Lev×R$	0.0016[***]	0.0001	0.0000
$Growth×R$	0.0003[***]	0.0001	0.0080
R^2	0.1293		

注:[***] 表示在 1%水平上显著。

　　其次,会计盈余持续性是影响投资者预期的关键,进而影响投资者交易决

策以及股票价格,因此,模型中股价回报与会计盈余持续性的参数就是盈余反应系数,也同样代表了股票的定价效率。实证检验结果如表6.3所示,解释变量 *List×R* 的系数为0.1569,在1%水平下显著,这说明沪股通标的股票的"股价回报—未来盈余变化"敏感性显著高于非沪股通标的股票,即沪股通标的股票本身就具有更高的股票定价效率,这与前面的实证结果相同。而解释变量 *List×Post×R* 的系数为−0.0225,相伴概率为0.0939,在10%水平下显著,表明沪港通实施后,沪股通标的股票的"股价回报—未来盈余变化"敏感性下降,即投资者对未来盈余变化的预期能力在一定程度上(置信度90.61%)看是下降了,同时也说明沪港通实施之后沪市定价效率并没有提高,甚至有所下降。除此之外,无论是沪股通标的股票还是非沪股通标的股票,控制变量公司规模是影响股票定价效率的重要因素,公司盈利能力对股票定价效率有正向影响,不过效果并不显著。

表6.3　沪港通的实施与"股价回报—未来盈余变化"的回归结果

	回归系数	标准差	相伴概率
R	0.2872 ***	0.0714	0.0001
List×R	0.1569 ***	0.0181	0.0000
List×Post×R	−0.0225 *	0.0134	0.0939
Size	−0.0018 ***	0.0004	0.0000
Size×R	−0.0173 ***	0.0031	0.0000
Turnover	−0.0016	0.0012	0.1797
Turnover×R	0.0011	0.0016	0.5014
Lev	0.0021 ***	0.0001	0.0000
Lev×R	0.0004	0.0003	0.1028
Growth	0.0002	0.0001	0.1291
Growth×R	0.0001	0.0002	0.7889
R^2	0.7242		

注: *** 表示在1%水平上显著, * 表示在10%水平上显著。

(三)股价对未来现金流反应能力:相互佐证的检验

由于盈余可分解为现金流和总应计项,而现金流情况通常更能反映出公司盈利能力的实际状况,为了保证研究结果的可靠性,本章利用未来现金流来替代未来盈余,重新考察当期股票收益率对未来现金流的反应情况。这种替代事实上更符合现代金融学的现金流贴现定价模型,即资产定价理论认为股票价格是企业未来现金流的现值。借鉴塔克和扎罗文(Tucker 和 Zarowin,2006)的研究,本章建立如下模型:

$$CF_{i,t+1} = \gamma_0 + \gamma_1 R_{i,t} + \gamma_2 List_i + \gamma_3 List_i \times R_{i,t} + \gamma_4 List_i \times Post_t \times R_{i,t}$$

$$+ \mu \sum Control_{i,t} + \sigma \sum Control_{i,t} \times R_{i,t} + \varepsilon_{i,t} \tag{6-4}$$

其中, $CF_{i,t+1}$ 表示现金流,其值等于 $t + 1$ 期经营活动现金流与期初总资产之比;其他变量与模型(6-2)含义相同,交互项 $\gamma_4 List_i \times Post_t \times R_{i,t}$ 的系数即为度量股价对未来现金流反应能力的敏感系数。

表6.4 给出了模型(6-4)的估计结果显示,虚拟变量 $List \times R$ 的系数为0.0670,且在10%水平下显著,说明沪股通标的股票相比于非标的股票的"股价回报—未来现金流"敏感性系数更高;而虚拟变量 $List \times Post \times R$ 的系数在10%水平下显著为负,表明沪股通标的股票在沪港通制度实施后,当期股票回报对未来现金流的敏感性降低,即股票价格对公司未来现金流的反应能力和预测能力反而有所下降,这一结论与前面实证结果相吻合。

表6.4 沪港通的实施与"股价回报—未来现金流"的回归结果

	回归系数	标准差	相伴概率
R	0.0420*	0.1514	0.0782
$List \times R$	0.0670*	0.0369	0.0698
$List \times Post \times R$	-0.0027*	0.0276	0.0922
$Size$	0.0019***	0.0006	0.0009

	回归系数	标准差	相伴概率
$Size×R$	−0.0030*	0.0066	0.0651
$Turnover$	0.0009	0.0021	0.6609
$Turnover×R$	−0.0036	0.0032	0.2569
Lev	−0.0002	0.0001	0.1829
$Lev×R$	0.0006	0.0006	0.2897
$Growth$	0.0001*	0.0002	0.0994
$Growth×R$	0.0001	0.0004	0.9395
R^2	0.3251		

注:*** 表示在1%水平上显著,* 表示在10%水平上显著。

(四)稳健性检验

本书在前面的实证模型中通过引入分组虚拟变量和分期虚拟变量的交互项基本上剔除了时间效应。此外,尽管可能影响定价效率变化的影响还有很多,但是这些因素会对实验组和控制组均产生影响,通过第二次差分的相减也可以得到有效的控制。不过,为了稳健起见,本书做了如下检验。

1.对照性检验

在研究的样本期内,假设沪市股票定价效率(包括沪港通标的股票和非标的股票)在政策实施前后不变或者提高,但仅沪港通制度直接影响的标的股票定价效率下降,那么就说明沪港通标的股票定价效率的下降确实是因为沪港通制度作用的结果。

表6.5给出了沪市在沪港通制度实施前后定价效率的回归结果。沪港通实施后,包括沪股通标的股票和非沪股通标的股票的 A 股市场的股票"股价回报—未来盈余"的敏感性系数、"股价回报—未来盈余变化"的敏感性系数都显著为正,尽管"股价回报—未来现金流"的敏感性系数不显著,但是其相关系数为正,这在一定程度表明沪港通制度实施后,我国股票市场定价效率整

体上有所提高。由此,尽管沪港通制度实施后,我国股票市场的定价效率整体上有所提升,但是沪股通标的股票却在沪港通实施后有所降低,这说明沪股通标的股票定价效率的降低并未受到时间效应的影响。

表6.5 沪港通的实施对 A 股市场定价效率的回归结果

变量	股价回报—未来盈余		股价回报—未来盈余变化		股价回报—未来现金流	
	回归系数	P 值	回归系数	P 值	回归系数	P 值
$Post \times R$	0.0358***	0.0012	0.0379***	0.0030	0.0192	0.3119
$Size$	0.0015***	0.0000	−0.0018***	0.0000	0.0022***	0.0000
$Turnover$	−0.0019**	0.0125	−0.0024***	0.0060	−0.0009	0.4804
Lev	0.0003***	0.0000	0.0018***	0.0001	−0.0002***	0.0027
$Growth$	0.0002**	0.0163	0.0001	0.1220	−0.0001	0.9744
R^2	0.2485		0.3703		0.3530	

注:*** 表示在1%水平上显著,** 表示在5%水平上显著。

2.其他两个检验

第一,由于沪港通制度实施前沪股通标的股票和非沪股通标的股票之间的公司特征就存在一定差异,这些差异可能会导致沪股通标的股票和非沪股通标的股票的定价效率在沪港通制度实施前就存在明显差异,从而降低模型估计的有效性。为此本书采用倾向性匹配得分法,从沪港通制度实施前的非沪股通标的股票中构造一组与沪股通标的股票最为接近的样本当作新的对比组。然后分别对基于倾向性匹配法得到的样本按照以上三个模型进行检验,检验结果均显示 $List \times R$ 的系数不再显著为正,说明两组样本的股票定价效率不存在显著性差异,同时也说明倾向性匹配法的效果较好。虚拟变量 $List \times Post \times R$ 的系数均为负数,且通过显著性检验,与基于全样本得到的实证检验结果一致。

第二,前文的分析均采用是否实施沪港通制度的虚拟变量作为解释变量,并没有从沪股通标的股票的实际交易量角度考察沪港通制度对上海股票市场的定价效率的影响。在稳健性检验中,将回归模型中的虚拟变量替换为沪股通标的股票的交易量,然后分别利用以上三个模型对其进行实证检验,回归结果仍然支持前文的实证检验结果。

三、 进一步分析

为什么沪港通制度没有提高沪股通标的股票的定价效率反而使其降低呢? 上述实证结果其实并不与直观感觉相矛盾,虽然在沪港通制度设计中为香港投资者投资沪股通标的股票提供了更多的便利,而对内地投资者投资港股通标的股票却有着诸多限制条件,但这种原本有利于香港投资者投资内地股市的制度设计,事实上并没有引起香港投资者多大的兴趣,同样,沪港通制度开通之初所期待的引入更多机构投资者以改变内地投资者结构、引进成熟投资理念,以及吸引更多资金作为沪市"活水"的目标更是遥不可及,相反,借助港股通内地股市资金却出现了持续、大量的净流出状况。这一点在我们的统计中可以清晰看出,截至 2020 年 12 月 31 日,沪股通的历史资金累计流入上海股票市场为 6188.24 亿元,港股通的历史资金累计流入香港股票市场为 9561.30 亿元。大量的资金持续地流出内地股市会造成沪市资金面紧张、场内资金活跃度和流动性下降,这些问题的出现显然无助于提升内地股市的定价效率。此外,至于引进成熟的投资理念其实也是无从谈起,统计还发现香港投资者在内地沪市的投资行为具有典型的内地投资者倾向,即频繁买入频繁卖出,而内地投资者投资于港股市场反而有着类似香港机构投资者的行为,持股时间长,交易频率低,且集中于投资大盘蓝筹股。以 2014 年 11 月 17 日至 2020 年 12 月 31 日作为统计窗口,在此期间,沪股通累计买入金额为 105034.14 亿元,累计卖出金额为 98845.90 亿元,累计标的总成交金额为 2882543.90 亿元;而这一阶段港股通累计买入金额为 46653.57 亿元,累计卖出金额为 37092.27 亿元,累计标的总成交金额为 731524.27 亿元。其沪股通累计标的总成交金额相当于港股通累计标的总成交金额的3.9倍之多。香港投资者通过沪股通标的股票快进快出、短线频繁买卖的投资行为与广为诟病的内地股市的投机痼疾并无二致。

此外,内地资金净流出现象以及香港投资者在内地股市投资的短期化行为并不难理解。因为市场环境会在很大程度上决定理性经济人的行为,而内地股市和香港股市投资环境,尤其是制度环境的差异正是导致上述问题的根本原因。拉·波特等(La Porta 等,1998)关于法与金融的研究指出,在制度环境和投资者法律保护水平方面,普通法系要明显优于大陆法系,而里斯和魏斯巴赫(Reese 和 Weisbach,2002)、多伊奇(Doidge,2004)等学者指出,香港股票市场在投资者法律保护方面要好于内地股票市场。近期,亚洲公司治理协会(ACGA)的双年度研究报告《2020 年公司治理观察》显示,中国的公司治理在2010 年取得49%的最高分之后,就一路大幅下滑,2010—2020 年间,已经从亚太地区排名第七下滑到第十,仅高于菲律宾、印度尼西亚,而竞争对手如日本、中国台湾、印度和韩国等多个地区的标准却在稳步提高。对此,ACGA 认为,这主要源于 2010 年以来中国监管环境的恶化。仅 2015 年年初至 2017 年 5 月,重要股东(持股5%以上股东、董监高及其关系人)减持金额高达 9837 亿元,其中不乏存在大量的恶性减持、清仓式减持套现行为,此外,上市公司大股东利用定向增发的制度漏洞进行超额增发、套利以及利益转移等行为更是不胜枚举,国内股票市场上市公司的治理情况以及市场监管水平存在的问题可见一斑。因此,内地的理性投资人愿意将资金投入相对成熟的香港股市,以及香港投资者投资于内地股市行为的短期化自然也就是情理之中的事情了。

从另一方面看,沪港通制度对于香港股市而言,可能会是另外一个情形。从市场交易数据看,包括沪股通净流入港股市场的资金,以及相较于沪港通净流出更多的深港通,确实助推了香港股指的不断上行,恒生指数从 2014 年年末至 2020 年年末已经从27231.13 点上涨到 29773.27 点,涨幅达到 22.76%;

市场活跃度不断提升,恒生指数振幅从 2013 年的 20.68% 和 2014 年的 18.13% 上升到 2020 年的 28.51%。由于深港通制度是 2016 年 12 月 5 日正式实施,开通时间较短,对本书样本期间并无实质影响,因此,本章利用 2013—2016 年港股通标的股票作为样本数据能够得到沪港通制度的实施对香港股票市场定价效率的真实影响。

表 6.6 给出了相应的实证结果。从中可以看出,无论是基于"股价回报—未来会计盈余""股价回报—未来盈余变化"还是"股价回报—未来现金流"的敏感性,$List×R$ 的系数总体上显著为正,这说明港股通标的股票在沪港通实施后,对应于港股的定价效率确实显著提升了,这显然是我们愿意看到的一个结果。但一项制度的实施如果导致了一方受益而另一方受损显然不是帕累托改进,更不可能实现帕累托最优。

表 6.6 沪港通对港股通标的股票定价效率影响的回归结果

变量	股价回报—未来会计盈余		股价回报—未来盈余变化		股价回报—未来现金流	
	回归系数	P 值	回归系数	P 值	回归系数	P 值
R	0.0070**	0.0354	1.1064***	0.0000	0.1045*	0.0568
$List$	−0.0133	0.1632	−0.0874***	0.0009	0.0112	0.3389
$List×R$	0.0324*	0.0649	0.9889***	0.0000	0.0177*	0.08483
$Size$	0.0096***	0.0000	0.0018	0.1574	0.00053*	0.0597
$Turnover$	−0.0001	0.4462	−0.0001	0.2644	−0.0001*	0.0784
Lev	−0.0029***	0.0000	0.0012***	0.0086	0.0009***	0.0001
$Growth$	0.0001	0.2308	0.0001	0.3792	0.0001*	0.0807
R^2	0.8325		0.1119		0.6916	

注:*** 表示在 1% 水平上显著,** 表示在 5% 水平上显著,* 表示在 10% 水平上显著。

本章小结

本章以我国证监会 2014 年 11 月 17 日推出的沪港通为研究对象,采用面板数据模型实证检验了沪港通制度的推出对我国股票市场定价效率的影响,我们发现,无论是从"回报—未来会计盈余""回报—未来盈余变动"敏感性角度还是从"回报—未来现金流"敏感性角度考察,实证结果均表明,沪港通制度的实施对国内沪市的定价效率并没有显著的提升,反而有所下降,导致这一结果的直接原因是内地股市资金的不断外流,而更深层的原因则是市场制度环境和投资者保护水平差异。但另一方面,沪港通为香港股票市场注入"新鲜血液",助推了港股不断上行,增加香港股票市场的活力,进而促进香港股票市场定价效率的提高。然而,对于一项制度而言,制度的实施不使一方受损而另一方受益,或者是双方均受益才是真正的帕累托改进,否则,帕累托最优状态很难成功实现。此外,如果一个股票市场没有建立起合理的发行机制,其供求关系必将失衡,市场也难以出清。同样,如果没有建立起合理的定价机制,其市场的定价必将失真,价格信号必将扭曲,市场运行也必将失灵,资源错配就不可避免。在此市场制度环境下,投资者行为的短期化、投机化的畸形投资行为就难以消除。而针对内地股市高估值和高市盈率,定价效率低下等现象,本书认为只有通过市场化发行制度的改革、市场制度环境的完善,以及市场监管水平和投资者保护水平提高才是从本质上解决问题之道,否则很容易陷入"头痛医头、脚痛医脚"的尴尬局面。

第七章 沪港通制度实施的
经济效果及展望

本章导读

本章首先对沪港通制度实施的经济效果进行总结;然后根据本书的研究结果对我国股票市场开放提出建议;最后,提出了研究内容的未来展望。

第一节 沪港通制度实施的经济效果

一直以来,有关股票市场开放的制度创新研究就是学术界与政策制定者关注的焦点问题。特别是 2010 年后,受经济增速放缓、国有控股弱化、投资支出不足等结构性困难的影响,中国股票市场的发展增速减慢,就监管当局而言,已经越发意识到股票市场对外开放的迫切性,因此,经过证监会等监管部门的精心准备,内地和香港股票市场终于在 2014 年 11 月 17 日正式启动沪港通制度。根据我国证监会最初的设想,这一制度创新不仅将资金活水引入内地市场,更重要的是通过开放股票市场来促进我国股票市场的发展,通过对接较为发达的香港市场,倒逼我国内地股票市场实现迈向成熟市场的目标。那么,经过多年的运行,沪港通制度达到或接近这些效果了吗?

鉴于此,本书在梳理相关理论和文献的基础上,首先从直观上分析沪港通制度的实施背景与运行情况,其次着重采用实证研究手段对沪港通制度实施前后沪港两地市场关系、市场价差、两地信息传导、定价效率这四个方面考察

沪港通制度实施的经济后果,最后又探讨了我国股票市场发展和对外开放的逻辑思考。主要得出以下三部分结论和启示:

首先,通过对沪股通和港股通运行现状的分析,本书发现沪港通制度实施后,两地市场主要表现为日成交额较少、投资者行为出现差异、资金非对称流动、两市股价走势背离共四个特征。通过对沪港通制度运行现状的分析,本书提出长期被业界和学术界诟病的内地投资者投资行为和投资理念,如短期化、投机性、炒小、炒新、炒壳等,未必是由于内地投资者结构以散户为主以及缺乏成熟的投资理念造成的。沪港两市投资者行为的差异与其说是投资者结构和投资理念的差异,倒不如说是由于两地市场制度环境和市场环境之间的差异造成的。过于强调投资者结构和投资理念并非有益于中国股市的发展,而加强制度建设、完善市场制度环境、提升市场监管水平对于当下我国股市更为重要。

其次,通过对沪港通制度经济效果的实证考察,本书发现,总体而言,沪港通制度实施这几年时间里,其对沪港两地市场联动性,亦即一体化程度、A/H股价差、信息传导效率以及市场定价功能的提升的作用还非常有限。本书认为其根源在于两地市场环境间存在着较大的差距,香港股市制度环境和投资者保护水平都较内地股市具有更大的优势,加之内地市场自2015年中期股灾之后长期低迷,市场吸引力极度下降,场内资金紧张,交投不活跃,因而导致了沪港通制度开通之后,两地市场资金流动的不对称性现象较为突出,内地股市资金持续净流出,使得原本紧平衡的市场更加失衡,从而制约了沪港通制度功能的发挥。

最后,是沪港通制度引发的思考。本书提出,我国尚处于新兴加转轨的市场经济初级阶段,投资者保护还处于较低水平,加之法律法规等制度建设和执法效率等方面的欠缺,股票市场的内涵式发展还远远不够。因此,我国股票市场对外开放仍不可全面实行,应该首先保证内部市场建设的基础上,同时推进外部市场循序渐进地开放。因此,沪港通制度作为我国股票市场对外开放的

制度创新,也应该遵循渐进式的发展,继续担当我国股票市场对外开放的试
验田。

　　本书的研究不仅可以为监管部门及时把握沪港通制度实施效果以及后续
改革提供科学依据,而且也从实施效果角度丰富沪港通制度的相关研究,同时
也为我国股票市场其他对外开放制度改革提供借鉴作用和启示意义。

第二节　中国股票市场开放的政策建议

　　包括沪港通在内的中国股票市场对外开放,本书认为,由于我国股票市场
的内部建设尚需完善,循序渐近地推进我国股票市场对外开放是最明智的选
择,即在保证内部发展的前提下,稳步推进对外开放。因此,在沪港通制度今
后的发展中,我国监管部门应继续保持沪港通制度只是我国资本市场对外开
放进程中的一块试验田的理念,加大力度完善我国股票市场的制度建设,努力
提高股票市场的监管水平,切实保证股票市场各项功能的正常发挥,在此基础
上逐步实施股票市场对外开放。正如监管高层此前反复强调的那样,改革开
放的节奏不是由其他政策或者事件所控制的,而是由我国市场本身的发展决
定的。[①]

　　结合本书研究,本书总结得出了如下政策建议:

　　第一,切实提高我国股票市场的制度环境。制度是市场有效运作的前提
条件,而制度建设的核心是法治,这是深入推进各项改革措施的重要保障。
2020 年 3 月 1 日,新《证券法》从发行制度、退市制度、信息披露制度、监管制
度等方面进行完善,这对我国股票市场的内部建设以及股票市场各项功能的
正常发挥有着非常大的促进作用。因此,必须继续加大力度完善相关制度及
法律法规,进而提高投资者保护水平。

---

　　① 参见李超、方星海、赵争平:《资本市场市场化、法治化、国际化改革方向不会改变》,
2017 年 2 月 26 日,见 http://finance.sina.com.cn/roll/2017-02-27/doc-ifyavvsk3644538.shtml。

第二,保持股票市场的稳定性。市场稳定是进行一切市场化改革的基本要求。防止股票市场暴涨暴跌,保持股票市场持续稳定的发展,才是股票市场正常的发展路径,也是股票市场对外开放必须遵守的前提条件。但是,保持市场的稳定性并非要保证所有投资者都能盈利,即使在发展最为成功的美国股票市场,过往三十年的所有收益也仅由 25%的公司所产生。因此,证券监管部门在监管我国股票市场时,应保持前瞻性、预见性及相机调节性,从而保证股票市场运转的稳定性。

第三,股票市场对外开放应该遵循渐进的方式。尽管 2020 年新《证券法》的实施能够从制度层面上完善我国股票市场的监管及投资者保护水平问题,但从制度发布传导到市场及上市公司需要一定的时间,建立一个成熟的市场显然不是一蹴而就的。因此,应继续加大力度整治内部市场,完善各项制度,将股票市场开放视为是一个长期的目标,用渐进的方式进行对外开放。

第四,要注意改革措施的优先次序。股票市场的许多措施必须建立在一个规范的制度基础上才能有效运行。同样,股票市场的开放也应该遵循一个秩序。既要保证内部市场建设,同时又要实时推进外部市场,渐进过程和市场化秩序从根本上讲都是一致的。金融市场开放都应该遵循一个秩序。

第五,要重视改革的系统性。股票市场从建立初期发展到成熟阶段,是一个不断发现问题和更新完善的过程,但发展过程中面临的诸多问题,并是不完全割裂存在的,而是诸多矛盾交织在一起,某一具体方面、某一具体环节的单项改革可能会带来不稳定,并产生新的制度问题。因此,我国股票市场要想实现对外开放,需要将改革措施进行整体配套,实现整个发展模式的转换。

第三节　未来展望

正如本书所述,股票市场对外开放方面的制度创新研究不论是在国外还是国内,均属于较新的研究领域,时至今日,国外的研究不过十几年的时间,而国内的相关研究主要产生于近年,且相对较少。本书虽然丰富了现有的研究内容,从沪港两地市场关系、市场价差、信息传导效应、市场功能发挥程度四个方面对沪港通制度实施的经济后果进行了实证分析,并针对实证结果进行深层次剖析,但这一领域仍然有较大的研究空间。具体来讲,未来的研究可以从以下几个方向来开展和深化。

第一,可以继续拓展沪港通对两地市场影响的研究领域,着重探讨沪港通实施后,两地跨市场操纵问题、两地股票市场的动态竞争关系等方面;第二,可以考察沪港通制度对公司层面的影响,研究沪港通制度的实施是否有助于企业信息披露质量的提高、沪港通制度的实施是否提高了公司治理水平等一系列研究;第三,后续的研究还可以将深港通制度考虑进来,以进一步拓展我国股票市场对外开放方面制度创新的研究。

本章小结

股票市场的内源式发展和对外开放是其发展中不可或缺的两个重要方面,发展为开放奠定基础,开放为了更好地促进发展。然而,关于股票市场内源式发展和对外开放之间孰先孰后,还存在一个逻辑次序。转轨经济国家因市场发展次序引发的教训,我国股票市场不能不吸取。在这一章中,首先对沪港通制度实施的经济效果进行总结,然后根据本书的研究结果对我国股票市场开放提出 5 个建议,即切实提高我国股票市场的制度环境、保持股票市场的稳定性、股票市场对外开放应该遵循渐近的方式、要注意改革措施的优先次序以及要重视改革的系统性。最后,本章提出了有关沪港通制度的未来研究方向。

参考文献

1. 巴曙松、张信军：《沪港通对跨境资本流动的影响》，《中国金融》2014年第 18 期。

2. 蔡彤彤、王世文：《沪市与香港、美国股票市场间的联动性——基于"沪港通"实施前后的比较分析》，《财会月刊》2015 年第 14 期。

3. 陈德霖：《沪港合作越频繁越能达成互利双赢局面》，《上海证券报》2014 年 8 月 5 日。

4. 陈运森、黄健峤：《股票市场开放与企业投资效率——基于"沪港通"的准自然实验》，《金融研究》2019 年第 8 期。

5. 陈九生、周孝华：《沪港通背景下沪港股市联动性研究》，《北京理工大学学报（社会科学版）》2017 年第 19 期。

6. 陈泽慧：《QFII 对证券市场行业收益波动率影响研究》，《石河子大学学报（哲学社会科学版）》2011 年第 25 期。

7. 陈晨：《沪港通对沪市股票的波动性、流动性影响研究——基于双重差分模型》，《时代金融》2015 年第 32 期。

8. 陈九生、周孝华：《沪港通背景下沪港股市联动性研究》，《北京理工大学学报（社会科学版）》2017 年第 19 期。

9. 陈国进、王景：《我国公司 A+H 交叉上市的溢出效应分析》，《南开管理评论》2007 年第 4 期。

10. 陈九生、周孝华:《沪港通背景下沪港股市联动性研究》,《北京理工大学学报(社会科学版)》2017 年第 2 期。

11. 陈雯、屈文洲:《T+1 清算制度对深圳股票市场波动性的影响》,《统计与决策》2004 年第 8 期。

12. 陈信元、江峰:《事件模拟与非正常收益模型的检验力——基于中国 A 股市场的经验检验》,《会计研究》2005 年第 7 期。

13. 邓道才:《代客境外理财业务新政对我国银行业的影响和对策》,《国际金融研究》2006 年第 6 期。

14. 丁楠、李文涛:《QFII 持股、公司治理与上市公司绩效——基于 2010—2013 年中国 A 股上市公司的实证分析》,《中国注册会计师》2015 年第 9 期。

15. 董秀良、曹凤岐:《国内外股市波动溢出效应——基于多元 GARCH 模型的实证研究》,《数理统计与管理》2009 年第 6 期。

16. 董秀良、吴仁水:《基于 DCC-MGARCH 模型的中国 A、B 股市场相关性及其解释》,《中国软科学》2008 年第 7 期。

17. 方艳、贺学会、刘凌、曹亚晖:《"沪港通"实现了我国资本市场国际化的初衷吗?——基于多重结构断点和 t-Copula-aDCC-GARCH 模型的实证分析》,《国际金融研究》2016 年第 11 期。

18. 盖卉、张磊:《"T+0"和"T+1"制度下投资者交易风险对比》,《哈尔滨商业大学学报(自然科学版)》2006 年第 5 期。

19. 何红霞、胡日东:《大中华区股市波动溢出效应实证研究——基于多元非对称 BEKK-GARCH 模型》,《重庆科技学院学报(社会科学版)》2011 年第 10 期。

20. 何雨轩、谷兴、陈绍刚:《沪港通对 A 股市场的影响——基于 ARIMA 模型的预测分析》,《西南民族大学学报(自然科学版)》2015 年第 4 期。

21. 胡朝霞:《涨跌停机制对上海股市效率和波动的影响》,《厦门大学学报(哲学社会科学版)》2004 年第 2 期。

22. 胡章宏、王晓坤:《中国上市公司 A 股和 H 股价差的实证研究》,《经济研究》2008 年第 4 期。

23. 胡欣、杨洋:《"深港通"应是"沪港通"的升级版》,《特区经济》2015 年第 1 期。

24. 黄瑜琴、胡聂风、李汉军:《我国融券制度的推出是否减小了 AH 股价差》,《投资研究》2015 年第 9 期。

25. 李博、彭坤:《"沪港通"对中国内地、香港股市波动影响的研究》,《商》2016 年第 27 期。

26. 李大霄:《A 股的牛市该来了》,《资本市场》2014 年第 2 期。

27. 李纪明、方芳:《资本市场改革与公司治理变迁——QFII 制度对我国上市公司治理的影响分析》,《浙江社会科学》2005 年第 3 期。

28. 李志生、陈晨、林秉旋:《卖空机制提高了中国股票市场的定价效率吗? ——基于自然实验的证据》,《经济研究》2015 年第 4 期。

29. 连立帅、朱松、陈超:《资本市场开放与股价对企业投资的引导作用:基于沪港通交易制度的经验证据》,《中国工业经济》2019 年第 3 期。

30. 刘成彦、胡枫、王皓:《QFII 也存在羊群行为吗?》,《金融研究》2007 年第 10 期。

31. 刘荣茂、刘恒昕:《沪港通对沪市股票市场有效性的影响》,《经济与管理研究》2015 年第 8 期。

32. 罗劲博:《机构投资者异质性、CEO 政治关联与盈余管理》,《会计与经济研究》2016 年第 1 期。

33. 吕江林、王雯雯:《沪港通对我国股票价格的短期影响研究》,《江西社会科学》2016 年第 1 期。

34. 毛小丽、王仁曾:《沪深股市与香港股市波动溢出效应研究》,《价格理论与实践》2018 年第 11 期。

35. 潘丽莉、胡永宏:《沪港股市波动和联动效应研究——基于条件方差分解模型》,《经济统计学(季刊)》2015 年第 1 期。

36. 屈文洲:《交易制度对中国股票市场效率的影响——基于涨跌幅限制的实证研究》,《厦门大学学报(哲学社会科学版)》2007 年第 3 期。

37. 孙谦、石松:《管理者个人偏好对企业资本结构的影响》,《当代经济科学》2015 年第 5 期。

38. 孙培源、范利民:《涨跌幅限制与投资者过度反应:一个基于均衡价格估计的经验研究》,《世界经济》2004 年第 4 期。

39. 孔小文、于笑坤:《上市公司股利政策信号传递效应的实证分析》,《管理世界》2003 年第 6 期。

40. 宋顺林、易阳、谭劲松:《AH 股溢价合理吗——市场情绪、个股投机性与 AH 股溢价》,《南开管理评论》2015 年第 2 期。

41. 邵宇:《沪港通与人民币国际化》,《中国金融》2014 年第 24 期。

42. 石建勋、吴平:《沪深股市与香港股市一体化趋势的实证研究》,《财经问题研究》2008 年第 9 期。

43. 王定祥、周悦:《沪港通背景下沪港两市金融板块联动效应研究》,《当代金融研究》2020 年第 1 期。

44. 王景:《交叉上市、风险分散与溢出效应》,《证券市场导报》2007 年第 6 期。

45. 王剑辉:《A 股上升潜力巨大 2000 点附近徘徊孕育中期机会》,《证券日报》2014 年 6 月 6 日。

46. 王席:《中东欧国家金融开放对银行体系影响研究》,复旦大学,硕士学位论文,2011 年。

47. 王倩、马云霄:《沪港通政策的公司治理效应——基于事件研究法的实证分析》,《金融论坛》2016 年第 5 期。

48. 王梓淇:《沪港通背景下 A+H 股的市场联动性研究》,华东政法大学,硕士学位论文,2016年。

49.魏刚:《我国上市公司股利分配的实证研究》,《经济研究》1998年第6期。

50.吴林祥、徐龙炳、王新屏:《价格涨跌幅限制起到了助涨助跌作用吗?》,《经济研究》2003年第10期。

51.吴旭:《沪港通与上海股市波动关系研究——基于BEKK-GARCH模型》,《荆楚理工学院学报》2015年第2期。

52.吴超鹏、郑方镳、林周勇、李文强、吴世农:《对价支付影响因素的理论和实证分析》,《经济研究》2006年第8期。

53.吴世农、潘越:《香港红筹股、H股与内地股市的协整关系和引导关系研究》,《管理学报》2005年第2期。

54.吴学锋、张晓峒:《内地与香港资本市场间一体化趋势的实证研究》,《现代管理科学》2010年第10期。

55.熊衍飞、陆军、陈郑:《资本账户开放与宏观经济波动》,《经济学(季刊)》2015年第4期。

56.熊伟:《"T+1"交易规则下的典型"T+0"账户研究》,《证券市场导报》2017年第4期。

57.许从宝、刘晓星、石广平:《沪港通会降低上证A股价格波动性吗?——基于自然实验的证据》,《金融经济学研究》2016年第6期。

58.许香存、陈志娟:《沪港通对股票市场波动性和流动性影响的实证研究》,《浙江工商大学学报》2016年第6期。

59.徐晓光、廖文欣、郑尊信:《沪港通背景下行业间波动溢出效应及形成机理》,《数量经济技术经济研究》2017年第3期。

60.闫红蕾、赵胜民:《沪港通能否促进A股与香港股票市场一体化》,《中国管理科学》2016年第11期。

61.严佳佳、郭玮、黄文彬:《"沪港通"公告效应比较研究》,《经济学动态》2015 年第 12 期。

62. 杨瑞杰、张向丽:《沪港通对大陆、香港股票市场波动溢出的影响研究——基于沪深 300 指数、恒生指数高频数据》,《金融经济学研究》2015 年第 6 期。

63. 袁萃:《证券市场开放与市场稳定性关系研究》,厦门大学,硕士学位论文,2008 年。

64. 袁野梅:《内地和香港股票市场波动溢出效应探析》,《全国商情(经济理论研究)》2014 年第 11 期。

65. 郑国姣、杨来科:《沪港通推进人民币国际化的路径分析与风险防范》,《经济体制改革》2015 年第 4 期。

66. 郑联盛:《关注沪港通的风险》,《中国金融》2014 年第 9 期。

67. 辛清泉、王兵:《交叉上市、国际四大与会计盈余质量》,《经济科学》2010 年第 4 期。

68. 张兵、范致镇、李心丹:《中美股票市场的联动性研究》,《经济研究》2010 年第 11 期。

69. 张昭、李安渝、秦良娟:《沪港通对沪港股市联动性的影响》,《金融理论探索》2014 年第 6 期。

70. 张昭、李安渝、秦良娟:《沪港通对沪港股市联动性的影响》,《金融教学与研究》2014 年第 6 期。

71. 周泽将、余中华:《股权结构、董事会特征与 QFII 持股的实证分析》,《云南财经大学学报》2007 年第 4 期。

72. 朱红军、何贤杰、陶林:《中国的证券分析师能够提高资本市场的效率吗——基于股价同步性和股价信息含量的经验证据》,《金融研究》2007 年第 2 期。

73. 褚剑、方军雄:《中国式融资融券制度安排与股价崩盘风险的恶化》,《经济研究》2016 年第 5 期。

74. 邹洋、张瑞君、孟庆斌、侯德帅:《资本市场开放能抑制上市公司违规吗? ——来自"沪港通"的经验证据》,《中国软科学》2019 年第 8 期。

75. Arshanapalli B., Doukas J., " International Stock Market Linkages: Evidence from the Pre-and Post-October 1987 Period", *Journal of Banking and Finance*, Vol.17, 1993.

76. Asquith P., Mullins D.W., "Equity Issues and Offering Dilution", *Journal of Financial Economics*, Vol.15, 1986.

77. Ayers B. and R. Freeman, " Evidence that Analyst Following and Institutional Ownership Accelerate the Pricing of Future Earnings", *Review of Accounting Studies*, Vol.8, 2003.

78. Bae K.H., Baek J., Kang K., Liu W., "Do Controlling Shareholders' Expropriation Incentives Imply a Link between Corporate Governance and Firm Value? Theory and Evidence", *Journal of Financial Economics*, Vol.105, 2012.

79. Ball R., Kothari S., Robin A., "The Effect of International Institutional Factors on Properties of Accounting Earnings", *Journal of Accounting and Economics*, Vol.29, 2003.

80. Bailey W., Chung, P. Kang, " Foreign Ownership and Equity Price Premium: What Drive the Demand for Cross-border Investment", *Journal of Financial and Quantitative Analysis*, Vol.34, 1999.

81. Bailey W., Jagtiani J., "Foreign Ownership Restrictions and Stock Prices in the Thai Capital Market", *Journal of Financial Economics*, Vol.36, 1994.

82. Bekaert G.and C.Harvey, "Foreign Speculators and Emerging Equitymarkets", *Journal of Finance*, Vol.55, 2000.

83. Bris A., W. N. Goetzmann and N. Zhu, " Efficiency and the Bear: Short Sales and Market Around the World", *Journal of Finance*, Vol.3, 2007.

84. Brunnermeier M.and L.Pedersen, "Predatory Trading", *The Journal of fi-*

nance, Vol.60, 2005.

85. Cai C. X., Paul B. McGuinnessand Qi Zhang, "The Pricing Dynamics of Cross-listed Securities: The Case of Chinese A and H shares", *Journal of Banking and Finance*, Vol.35, 2011.

86. Charitou A., C. Louca and A. Pablou, "The Operating Performance of Exchange-listed American Depositary Receipt Offerings", *Working Paper*, *University of Cyprus*, 2005.

87. Chan K., "A Further Analysis of the Lead-lag Relationship Between the Cash Market and Stock Index Futures Market", *Review of Financial Studies*, Vol. 5, 1992.

88. Chan K. A., Allaudeen Harneed, Sie Ting Lau, "What If Lacation is Different from Business Location? Evidence from the Jardine Group", *Journal of Finance*, Vol.58, 2003.

89. Chakravarty, Sarkar Wu, "Information Asymmetry Market Segmentation and the Pricing of Cross-listed Shares: Theory and Evidence from Chinese A and B shares", *Journal of International Financial Markets*, *Institutions and Money*, Vol. 8, 1998.

90. Chen G. M., Bong-Soo Lee, Oliver Rui, "Foreign Ownership Restrictions and Market Segmentation in China's Stock Markets", *The Journal of Financial Research*, Vol.24, 2001.

91. Choi J. H., L. A. Myers, Y. Zang, D. A. Ziebart, "Do Management EPS Forecasts Allow Returns to Reflect Future Earnings? Implications for the Continuation of Management's Quarterly Earnings Guidance", *Review of Accounting Studies*, Vol. 16, 2011.

92. Claessens S., Djankov S., Lang L., "The Separation of Ownership and Control in East Asian Corporations", *Journal of Financial Economics*, Vol.58, 1999.

93. Claessens S., Djankov S., Fan J., Lang L., "Expropriation of Minority Shareholders: Evidence from East Asia", *Policy Research paper* 2088, *World Bank*, 1999.

94. Claessens Stijn, Simeon Djankov, Larry Lang, "Who Controls East Asian Corporations?", *World Bank Research Paper* 2054, *World Bank*, 1999.

95. Culbertson J.M., "The Team Structure of Interest Rates", *The Quarterly Journal of Economics*, Vol.4, 1957.

96. Collins D., Maydew E., Weiss I., "Changes in the Value Relevance of Earnings and Book Values over the Past 40 Years", *Journal of Accounting and Economics*, Vol.34, 2003.

97. Connolly R.A., Wang F.A., "On Stock Market Return Co-movements: Macroeconomic News, Dispersion of Beliefs, and Contagion", *Pacific-Basin Finance Journal*, Vol.1, 2003.

98. Contessi S., P.De Pace, J.Francis, "The Cyclical Properties of Disaggregated Capital Flows", *Federal Reserve Bank of St.Louis Working Paper*, 2010.

99. Crawford, S.Park and D.Roulstone, "Insider Trading and the Incorporation of Future Earnings News into Stock Prices", *World Bank Research Paper*, 2011.

100. Darrat A.F., S.Rahman, M.Zhong, "Intraday Trading Volume and Return Volatility of the DJIA Stocks: A Note", *Journal of Banking and Finance*, Vol. 27, 2003.

101. Datar V.T., N.Y.Naikand, R.Radcliffe, "Liquidity and Stock Returns: An Alternative Test", *Journal of Financial Markets*, Vol.1, 1998.

102. Davidson J.E.H., Hendry D.F., Srba F., Yeo S., "Econometric modelling of The Aggregate Time-series Relationship between Consumers'expenditure and Income in the United Kingdom", *Economic Journal*, Vol.88, 1978.

103. Domanski D., Kremer M., "The Dynamics of International Asset Price

Linkages and Their Eeffects on German Stock and Bond Markets", in: *Bank for International Settlements (Ed.)*, *International Financial Markets and the Implications for Monetary and Fiscal Stability*, *Conference Papers*, Vol.8, 2000.

104. Doidge C., Karolyi A., Stulz R., "Why are Foreign Firms Listed in the U. S. Worth More?", *Journal of Financial Economics*, Vol.71, 2001.

105. Doidge C., "Cross-Listings and the Private Benefits of Control: Evidence from Dual-Class Firms ", *Journal of Financial Economics*, Vol.3, 2004.

106. Doidge C., et al., "Private Benefits of Control, Ownership, and the Cross-listing Decision", *The Journal of Finance*, Vol.1, 2009.

107. Doidge Craig G., Andrew Karolyi, Rene M.Stulz, "Why are Foreign Firms Listed in the U.S. Worth More?", *Journal of Financial Economics*, Vol.7, 2004.

108. Doukas J.A., Kim C., Pantzalis C., "Do Analysts Influence Corporate Financing and Investment", *Financial Management*, Vol.6, 2008.

109. Drake, M.S.M., N.James, L.A.Myers, M.D.Stuart, "Short Sellers and the Informativeness of Stock Prices With Respect to Future Earnings", *Review of Accounting Studies*, Vol.2, 2015.

110. DyckI.J., Alexander and Zingales Luigi, "Private Benefits of Control: An International Comparison", *The Center for Research in Security Prices Working Paper*, Vol.535, 2003.

111. Edwards F., "Does the Futures Trading Increase Stock Market Volatility?" *Financial Analysts Journal*, Vol.44, 1988.

112. Engle R.F., Granger C.W.J., "Cointegration and Error Correction: Representation, Estimation and Testing", *Econoometrica*, Vol.55, 1987.

113. Engsted T., Tanggaaed C., "The Relation between Asset Returns and Inflation at Short and Long Horizons", *Journal of International Financial Markets Institutions and Money*, Vol.2, 2000.

114. Errunza V.R., Miller D.P., "Market Segmentation and the Cost of Capital in International Equity Markets", *Journal of Financial and Quantitative Analysis*, Vol.4, 2000.

115. Errunza, Vihang Etienne Losq, "International Asset Pricing under Mild Segmentation: Theory and Test", *Journal of Finance*, Vol.40, 1985.

116. Ettredge M.L., S.Y.Kwon, D.B.Smith, P.A.Zarowin, "The Impact of SFAS No. 131 Business Segment Data on the Market's Ability to Anticipate Future Earnings", *The Accounting Review*, Vol.80, 2005.

117. Eun C., Sabherwal S., "Cross-Border Listings and Price Discovery: Evidence from U.S.-Listed Canadian Stocks", *Journal of Finance*, Vol.2, 2003.

118. Fama, "Efficient Capital Markets. A Review of Theory and Empirical Work", *The Journal of Finance*, Vol.25, 1970.

119. Foerster, Karolyi, "The Effects of Market Segmentation and Investoe Recognition on Asset Prices: Evidence from Foreign Stocks Listing in the U.S.", *Journal of Finance*, Vol.54, 1999.

120. Forbes K.J., Chin M.D., "A Decomposition of Global Linkages in Financial Markets Over Time", *NBER Working Paper*, Vol.9555, 2003.

121. Francis J.R., "What Do We Know About Audit Quality?", *The British Accounting Review*, Vol.36, 2004.

122. Gao N., Tse Y., "Market Segmentation and Information Values of Earnings Announcements: Some Empirical Evidence from an Event Study on the Chinese Stock Market", *Working Paper*, 2002.

123. Gelb D.S., P.Zarowin, "Corporate Disclosure Quality and the Informativeness of Stock Prices", *Review of Accounting Studies*, Vol.7, 2002.

124. Gerrits R.J., A.Yuce, "Short-and-Long-term Links among European and U.S.Stock Markets", *Applied Financial Economics*, Vol.1, 1999.

125. Ghosh S.and Wolf H.,"Is There a Curse of Location? Spatial Determinants of Capital Flows to Emerging Maarkets",*Edwards*, in: *S. (Ed.)*, *Capital Flows and the Emerging Economies*,University of Chicago Press,2000.

126. Goldstein I. and A.Guembel,"Manipulation and the Allocational Role of Prices",*Review of Economic Studies*,Vol.75,2009.

127. Hameed W.H.,"Time-varing Factors and Cross-autocorrelations in Short-Horizon Stock Returns",*Journal of Financial Research*,Vol.20,1997.

128. Hansen R.S.,Crutchley C.,"Corporate Earnings and Financing:An Empircal Analysis",*Journal of Business*,Vol.63,1990.

129. Henry and Peter Blair,"Capital Account Liberalization,the Cost of Capital,and Economic Growth",*NBER Working Paper*,Vol.9488,2003.

130. Hietala Pekka,et al.,"Asset Pricing in Partially Segemented Markets: Evidence from the Finnish Market",*Journal of Finance*,1989.

131. Hutton A.P.,Marcus A.J.,TehranianH.Opaque,"Financial Reports,R2, and Crash Risk",*Journal of Financial Economics*,Vol.1,2009.

132. Karninsky L.,"Currency and Banking Crises:The Early Warnings of Distress",*Technovation*,Vol.9,2011.

133. Karolyi A.,L.Li,"A Resolution of Chinese Discount Puzzle",*Workpaper*, *School of Business*,Ohio State University,2005.

134. Karolyi G.,Andrew Lianfa Li,Rose Liao,"A Resolution of the Chinese Discount Puzzle:The 2001 Deregulation of the B-share Market",*Journal of Financial Economic Policy*,Vol.1,2009.

135. Kim Woochan,Shang-Jin Wei,"Foreign Portfolio Investors before and during a Crisis",*NBER Working Paper*,Vol.6968,1999.

136. Kim E.H.,Singal V.,"Stock Market Openings:Experience of Emerging Economics",*Journal of Business*,Vol.73,2000.

137. King Sentana and Wadhwani, "Volatility and Links between National Stock Markets", *Econometrica*, Vol.57, 1994.

138. King, Ronald, Grace Pownall and Gregory Waymire, "Corporate Disclosure and Price Discovery Associated with NYSE Temporary Trading Halts", *Contemporary Accounting Research*, Vol.7, 1991.

139. La Porta, Rafael, Florencio Lopez-de-Silanes, Andrei Shleifer and Robert W. Vishny, "Low and Finance", *Journal of Political Economy*, Vol.106, 1998.

140. La Porta R., Lopez-de-Silanes F., Shleifer A., Vishny, R., "Investor Protection and Corporate Valuation", *NBER Working Paper*, SSRN, Vol.7403, 1999.

141. Lee, Bonf-Soo, Oliver M. Rui and Wenfeng Wu, "Market Segmentation and Stock Prices Discount in the Chinese Stock Market: Revisiting B-share Discounts in the Chinese Stock Market", *Asia-Pacific Journal of Financial Stusdies*, Vol.37, 2008.

142. Lee C., J. Ready and J. Seguin, "Volume, Volatility, and New York Stock Exchange Trading Halts", *Journal of Finance*, 1994.

143. Levine R. and S. Schmukler, "Migration, Spilovers, and Trade Diversion: The Impact of Internationalization on Stock Market Liquidity", *National Bureau of Economic Research Working Paper*, Vol.9614, 2003.

144. Lombardo and Pagano, "Law and Equity Markets: A Simple Model", *CSEF Working Paper*, Vol.25, 1999.

145. Lucas, Deborah J. and Robert L. McDonald, "Equity Issues and Stock Price Dynamics", *Journal of Finance*, Vol.45, 1990.

146. Lundholm R., L. A. Myers, "Bringing the Future Forward: The Effect of Disclosure on the Returns-earnings Relation", *Journal Accounting Research*, Vol.40, 2002.

147. Ma., "Capital Controls, Market Segmentation and Stock Prices: Evidence

from the Chinese Market", *Pacific-Basin Finance Journal*, Vol.4, 1996.

148. Martin and Rey, "Financial Integration and Asset Returns", *European Economic Review*, Vol.7, 2000.

149. McQueen G., V. V. Roley, "Stock Prices, News, and Business Condition", *Review of Financial Studies*, Vol.6, 1993.

150. Mech T.S., "Portfolio return autocorrelation", *Journal of Financial Economics*, Vol.34, 1993.

151. Melvin M., M. Valero-Tonone, "The Dark Side of International Cross-listing: Effects on Rival Rirms at Home", *Arizona State University Working Paper*, 2005.

152. Merton H., Miller and Kevin Rock, "Dividend Policy under Asymmetric Information", *Journal of Finance*, Vol.4, 1985.

153. Merton Robert C., "Presidential Address: A Simple Model of Capital Market Equilibrium with Incomplete Information", *Journal of Finance*, Vol.42, 1987.

154. Merton R., "Financial System and Economic Performance", *Journal of Financial Services Research*, Vol.4, 1990.

155. Mitton Todd, "A Cross-firm Analysis of the Impact of Corporate Governance on the East Asian Financial Crisis", *Working Paper*, *MIT*, 2000.

156. Miller E.M., "Risk, Uncertainty, and Divergence of Opinion", *Journal of Finance*, Vol.32, 1977.

157. Miyakoshi T., "Spillovers of Stock Return Volatility to Asian Equity Markets from Japan and the US", *Journal of International Financial Markets, Institutions and Money*, Vol.13, 2003.

158. Morck, Randall, Bernard Young and Wayne Yu, "The Information Content of Stock Markets: Why do Emerging Markets Have Synchronous Price

Movement?", *Journal of Financial Economics*, Vol.25, 2000.

159. Morck R., Yeung B., Yu W., "The Information Content of Stock Markets: Why Do Emerging Markets have Synchronous Stock Price Movement", *Journal of Financial Economics*, Vol.58, 2000.

160. Orpurt S. F., Y. Zang, "Do Direct Cash Flow Disclosures Help Predict Future Operating Cash Flows and Earnings?", *The Accounting Review*, Vol. 84, 2009.

161. Pericli A. and Koutmos G., "Index Futures and Options and Stock Market Volatility", *Journal of Futures Markets*, Vol.17, 1997.

162. Poon P. H. Winnie, Firth M., Fung H., "Asset Pricing in Segmented Capital Markets: Preliminary Evidence from China-domiciled Companies", *Pacific-basin Finance Journal*, Vol.6, 1998.

163. Philips A.W.H., "Stabilization Policy and the Time Form of Lagged Response", *Economic Journal*, Vol.67, 1957.

164. Reese, Weisbach, "Protection of Minority Shareholder Interests, Cross-Listings in the United States, and Subsequent Equity Offerings", *Journal of Financial Economics*, Vol.1, 2002.

165. Ross S.A., "Information and Volatility: The No-arbitrage Martingale Approach to Timing and Resolution of Irrelevancy", *Journal of Finance*, Vol.44, 1989.

166. Sadka R., Scherbina A., "Analyst Disagreement, Mispricing, and Liquidity", *Journal of Finance*, Vol.3, No.86, 2011.

167. Schreiber P.S., Schwartz R.A., "Price Discovery in Securities Markets", *Journal of Portfolio Management*, Vol.12, 1986.

168. Shleifer A., R.Vishny, "A Survey of Corporate Governance", *Journal of Finance*, Vol.52, 1997.

169. Solnik B. H., "Testing International Asset Pricing: Some pessimistic

Views", *Journal of Finance*, Vol.2, 1977.

170. Spiegel and Subrahmanyam, "Informed Speculation and Hedging in A Non-Competitive Securities Market", *Review of Financial Studies*, Vol.5, 1992.

171. Stehle R., "An Empirical Test of the Alternative Hypothesis of National and International Pricing of Risky Assets", *Journal of Finance*, Vol.32, 1977.

172. Stoll H. R., R. E. Whaley, "The Dynamics of Stock Index and Stock Futures Returns", *Journal of Financial and Quantitative Analysis*, Vol.25, 1990.

173. Stulz R.M., "A Model of International Asset Pricing", *Journal of Financial Economics*, Vol.11, 1981.

174. Stulz R.M., "Globalization, Corporate Financeand the Cost of Capital", *Journal of Applied Corporate Finance*, Vol.12, 1999.

175. Stulz R., Wasserfallen W., "Foreign Equity Investment Restrictions, Capital Fights and Shareholder Wealth Maximization: Theory and Evidence", *The Review of Financial Studies*, Vol.8, 1995.

176. Subramanyam K., Wild J., "Going-concern Statues, Earnings Persistence, and the Informativeness of Earnings", *Contemporary Accounting Research*, 1996.

177. Sun, Qian, Tong, H. S. Wilson, "The Effect of Market Segmentation on Stock Prices: the China Syndrome", *Journal of Banking & Finance*, Vol.24, 2000.

178. Scholes M., "The Market for Securities: Substitution versus Price Pressure and Effects of Information on Share International Economic Review", *Journal of Business*, Vol.45, 1972.

179. Theodossiou P. and Lee U., "Mean and Volatility Spillovers Across Major National Stock Markets: Further Empirical Evidence", *Journal of Financial Research*, Vol.16, 1993.

180. Tolumunen P., Sami Torstila, "Cross-Listings and M&A Activity: Trans-

action Evidence", *Financial Management*, Vol.34, 2005.

181. Tucker J. W., P. A. Zarowin, "Does Income Smoothing Improve Earnings Informativeness?", *Accounting Review*, Vol.1, 2006.

182. Umutlu M., L. Akdeniz and A. Altay-Salih, "The Degree of Financial Liberalization and Aggregated Stock-return Volatility in Emerging Markets", *Journal of Banking and Finance*, Vol.34, 2010.

183. Wang S. S., Rui O. M., Firth M., "Return and Volatility Behavior of Dually-traded Stocks: the Case of Hong Kong", *Journal of International Money and Finance*, Vol.2, 2002.

责任编辑：张　燕
封面设计：胡欣欣
责任校对：高天航

图书在版编目（CIP）数据

沪港通制度实施的经济效果研究/张婷 著. —北京：人民出版社，2022.5
ISBN 978－7－01－024604－8

Ⅰ.①沪…　Ⅱ.①张…　Ⅲ.①股票市场-研究-中国　Ⅳ.①F832.51

中国版本图书馆 CIP 数据核字（2022）第 052231 号

沪港通制度实施的经济效果研究
HUGANGTONG ZHIDU SHISHI DE JINGJI XIAOGUO YANJIU

张　婷　著

人民出版社 出版发行
（100706 北京市东城区隆福寺街 99 号）

中煤（北京）印务有限公司印刷　新华书店经销

2022 年 5 月第 1 版　2022 年 5 月北京第 1 次印刷
开本：710 毫米×1000 毫米 1/16　印张：12.5
字数：192 千字

ISBN 978－7－01－024604－8　定价：56.00 元

邮购地址 100706　北京市东城区隆福寺街 99 号
人民东方图书销售中心　电话 （010）65250042　65289539

版权所有·侵权必究
凡购买本社图书，如有印制质量问题，我社负责调换。
服务电话：（010）65250042